네가 웃으면
세상도 웃는다

강문호 엮음

쿰란출판사

머리말

과학자들이 재미있는 실험을 했습니다.

부부 싸움이 극에 달하였을 때 입에서 나오는 숨을 조사하였습니다. 놀랍게도 코브라 독보다 강한 맹독성 물질이 나왔습니다.

이런 조사도 하였습니다.

한 사람이 정상적일 때 침을 조사하였더니 정상이었습니다. 그 사람을 칸막이 속에 가두었습니다. 그리고 화나게 한 후에 침을 조사하였습니다. 그랬더니 황소 수십 마리를 즉사시킬 만큼의 독극물이 검출되었답니다.

그러나 그를 유머를 통하여 웃게 만들었습니다. 기분 좋게 만들었습니다. 그리고 다시 침을 조사하였습니다.

놀라운 결과가 나왔습니다.

웃을수록 독극물이 점점 사라지는 것이었습니다. 그리고 소량의 암세포 정도는 죽일 수 있는 호르몬이 다량 분비되고 있었습니다.

사람들은 살아가면서 불안, 미움, 공포, 스트레스, 초조함, 분노 등을 통하여 몸속에 불순물들이 쌓여 갑니다. 이것이 병이 됩니다. 이렇게 뭉친 요소들이 어느 날 갑자기 폭발하는 순간 그것은 엄청난 양의 혈기가 됩니다.

웃음은 이런 것들을 씻어 줍니다.
가장 좋은 양약은 즐거움이라고 성경도 말하고 있습니다.

"마음의 즐거움은 양약이라도 심령의 근심은 뼈를 마르게 하느니라"(잠 17:22).

이런 속담이 있습니다.

"네가 웃으면 세상도 웃는다. 네가 울면 너는 혼자다."

설교하면서 설교를 듣는 교인들이 즐겁게 듣게 만들고 싶었습니다. 복음은 변할 수 없지만 복음을 전하는 방법은 많이 변화되었습니다. 같은 말도 재미있게 전해 줄 필요가 있습니다.

항상 설교 시간에 졸기만 하는 할머니가 있었습니다. 목사님은 혼내 주기로 작정하고 강대상에 올라갔습니다. 그 날도 어김없이 할머니가 졸았습니다.

목사님은 단단히 마음먹고 소리를 질렀습니다.

"할머니! 일주일에 30분도 깨어 있지 못해요?"

머리말

할머니가 잠에서 깨어나서 오히려 소리를 질렀습니다.
"목사님! 일주일에 30분도 깨어 있게 못해요?"

그래서 저는 유머를 찾았습니다.
어느덧 다섯 번째 책을 내게 되었습니다. 앞으로도 계속 유머를 모아서 편집할 예정입니다.
아주 쉽습니다. 하지만 일부러 하지 않습니다. 그때그때 들을 때마다, 읽을 때마다 기록해 두었다가 양이 차면 출판사로 보내면 됩니다. 어렵지 않게 출판할 수 있는 것이 유머 책입니다. 연구도 필요없습니다. 관심과 약간의 시간만 지출하면 되기 때문입니다.
모든 분들에게 웃음과 즐거움을 주는 책이 되기를 바랍니다.

2011년 봄에
강문호 목사

contents

머리말 _ 02

제1부 유머의 변천사

유머의 변천사 | 아파트 전세 | 어색한 꾸밈 | 다 걸작이지 | 여자의 매력 | 절도
이발 요금 | 적성 검사 | 생일 선물 | 독설가 | 소설을 읽다가 해고된 사람
털모자 | 술이 나빠요 | 종철이 형제 | 의사의 스승 | 벌 받기 | 거드름
허풍쟁이 | 지푸라기 이불 | 열병 | 꼽추 고치기 | 차용증서 대신 초상화
바보 사위 | 시체에 부채질 | 외과 의사 | 나는 하나님의 아들이다 | 대학 교수
운하에서 | 브라우닝의 시 | 부두 노동자의 죽음 | 싸구려 여관 | 일기
얼룩진 역사 | 어떤 시험 | 식당 주인 | 촌지를 좋아하는 선생 | 낭비
장님 행세 | 불 아끼기 | 육지가 가깝다 | 성년과 결혼 | 김선달과 벼루
산수의 초보 | 형사의 대답 | 연습 | 약장수 | 선교사의 자랑 | 항아리 구입
주유소 | 여자가 없다면 | 남자와 여자의 차이 | 흰머리가 나는 까닭 | 모국어
유지비 | 증명 | 미끼 값 | 주차장 | 공처가 | 소견머리 | 의부증 | 백화점의 쥐
지각한 이유 | 독약 | 귀부인과 돼지 | 영국 경찰 | 이태원 쇼핑 | 1980년대 풍자
유산 상속 | 아무리 그래도 | 점쟁이 | 죽기까지 | 초코 우유 | 남자 화장실
천국 가는 길 | 자살하려고요 | 목사님의 휴대폰 | 말조심 | 허풍쟁이
점쟁이 | 시계와 기장 | 부채 좀 빌려 주세요 | 산 중에 산 | 탕탕탕 작전
바꿔! | 결혼 후 변화 | 불에! | 동 이름

contents

제2부 가나다 웃음

도둑놈 흉내 내기 | 꾀 | 목숨을 살려 주었더니 | 정신 수양 | 투자
조그만 참으면 | 출세 | 무식쟁이의 편지 | 구두쇠 영감 | 불쌍한 우리 엄마
시부모님에 대한 사랑 장 | 은행 계좌 | 불 끄고 글씨 쓸 수 있어?
10년 전에 없던 것 | 지각한 이유 | 자기가 하지 않은 일 | '훔치다'의 미래형
6·25 표어 | 성적 올리는 방법 | 좋은 소식 | 시어머니 마음 | 가족사진
찰떡궁합 | 부모님 임종 | 한 놈 더 있어요 | 부부 싸움 누가 이기나?
아내를 열렬히 사랑해 준 이유 | 매년 5월 21일은 부부의 날 | 부부 싸움(1)
전생 | 건망증 | 믿음의 기도 | 개 시리즈(1) | 개 시리즈(2) | 노아의 홍수
바보의 면접시험 | 금시초문 | 참새 시리즈 유머 | 아들과 개 | 돈돈돈-머니
선악과를 따먹은 벌 | 하나님 없소 | 직업 | 원수 사랑 | 범사에 감사
부부 싸움(2) | 하나님 것 떼어 놓고 | 아내의 출산 | 경상도 조폭 | 서울 조폭
가나다 웃음 | 명쾌한 답변 | 링컨의 외투 | 불법 영업 | 어느 좀도둑의 기도
변하지 않는 거짓말 | 죽은 척 | 애인 버전 | 아내를 오리에 비유하면
여자의 상품 가치 | 부부의 잠버릇 | 부부 생활의 상태 | 정치인과 개의 공통점
거지와 교수의 공통점 | 부잣집 개 | 여름철 복날 개들의 안전 수칙
전부 개지요? | 개 아닌 분 손들어 보세요?

제3부 에피소드

뛰는 놈 있으면 나는 놈 있다 l 멍청한 마누라 l 엄마 심정 l 수사자와 거북이
자장가 l 탐험가 l 도둑에게 쓴 편지 l 각광받는 피서지 베스트 5
결혼을 위하여 l 구청장 직인 l 모기와 파리와 차이 l 여자의 운명 l 슈퍼맨
미국인, 일본인 그리고 한국인 l 건망증 l 네 여자 말 l 출근길에서
빈대 조문객 l 세월 따라 속담도 변한다 l 누나 결혼 l 한마디 l 아내와 이야기
한국 대통령과 일본 국왕 l 나도 l 어떻게? 내 핸드백! l 대한독립 만세
걱정을 맡기기 l 유머로 풀어 보는 조선 임금님 l 전화위복 l 가장 큰 걱정
밑도 빠졌네 l 사는 재미 l 부부 싸움 l 끝없는 욕망 l 자전거 도착 l 도끼 지국
욕심 l 거짓말 약 l 아내의 속마음(1) l 아내의 속마음(2) l 날마다 술 마시는 남편
악몽 l 꿈 l 보신탕과 신부 l 사모님이 열 받을 때 l 친구와 상담 l 에피소드(1)
에피소드(2) l 에피소드(3) l 엽기적인 상담 l 밥통 l 엉덩이 긁기
하나님의 소가 죽었어 l 바보와 신발 l 보청기 l 제 발 저리다 l 아내 사랑,
자식 사랑 l 에누리 l 깨물어 먹어 l 건달의 술 l 배려 l 축구 해설가 l 달력
아내 구함 l 대화 l 입이 큰 여자 l 여직원 채용 l 치과에서 l 가장 싼 티켓
아담이 한국인이었다면 l 그걸 모르고 l 이름도 몰라, 성도 몰라 l 앙드레 김의 아들
나 점 뺐어 l 남존여비 l 염라대왕이 모시러 오거들랑 l 눈에는 눈, 이에는 이
트렁크 l 진짜 나이

contents

제4부 이번 주에는 아무 일이 없어

따질 것을 따져야지 ǀ 왜 돈을 받지요? ǀ 아들 ǀ 아버지 ǀ 이혼해 보아야 안다 ǀ 출산과 거주지 ǀ 수박 ǀ 여자에게 용서받지 못할 남자 ǀ 성적이 좋아도 명쾌한 답 ǀ 어려워서 ǀ 거짓말 ǀ 출세 ǀ 소라 ǀ 세면 도구 ǀ 상 ǀ 사회주의 복귀 ǀ 버스 ǀ 여자 ǀ 염려대왕 ǀ 엽기 맞선 ǀ 오토바이 ǀ 오리 ǀ 월급 ǀ 수풀 림(林) ǀ 자식 ǀ 잔인성 ǀ 장수 ǀ 접시 ǀ 도박사와 아내 ǀ 증명 ǀ 어려운 문제 ǀ 인상 ǀ 멍청이 ǀ 콜레라 ǀ 개명 ǀ 만성병 ǀ 애국자 ǀ 잊은 것 ǀ 낙제 ǀ 살충제 ǀ 사망률 ǀ 친구의 유품 ǀ 남편의 걱정 ǀ 큰일 날 뻔 ǀ 밝게 하는 아이 ǀ 큰일 날 뻔했다 ǀ 이 약 ǀ 불면증 ǀ 예의 ǀ 개새끼 ǀ 초전박살 ǀ 헐값 명화 ǀ 정직 ǀ 게으름 ǀ 연습용 ǀ 내가 젊었을 때에는 ǀ 말대꾸 ǀ 만일 맛이 없으면 ǀ 친절 ǀ 그럴 줄 알고 ǀ 보온병 ǀ 말버르장머리 ǀ 반말 ǀ 못된 자식 ǀ 공주병 ǀ 귀신 ǀ 개판된 가정 ǀ 출입 허가증 ǀ 정치인의 뇌 ǀ 아빠 ǀ 모자 체인점 ǀ 흑인의 비애 ǀ 사라진 악어 ǀ 가스가 차서 ǀ 면도용 공 ǀ 십자가의 능력 ǀ 이번 주에는 아무 일이 없어 ǀ 갈수록 멀어지기에 ǀ 훈수 ǀ 그렇다면 ǀ 예의 ǀ 나도 훔쳐 왔지요 ǀ 정말 비극 ǀ 내가 바로 신랑 ǀ 통역의 속셈 ǀ 아는 것이 병이다 ǀ 만성병 ǀ 프로그래머의 기도문

1부 유머의 변천사

1부 유머의 변천사

🔖 유머의 변천사

유머는 사람들에게 웃음을 줍니다. 짧은 언어도 기발한 웃음을 자아내게 하는 것이 유머입니다.

처음에 유머는 입에서 입으로 전달되었습니다. 라디오, TV, 책, 그리고 신문이나 잡지가 없던 시대에는 입이 유머 전달 수단이었습니다.

저녁이면 집안 식구들이 둘러앉아 어른이 아이들에게 들려주었습니다.

1. 인쇄술 시대 유머

그러나 인쇄술이 발달되면서 유머는 책에 기록으로 남게 되었습니다. 독일이 인쇄술이 제일 먼저 발달하였습니다. 유머 책도 독일에서 제일 먼저 나왔습니다. 그 후 이탈리아에서 유머 책이 발간되었습니다.

유머 책을 제일 먼저 만든 이들은 수도사들이었습니다. 수도하면서 무료함을 유머로 달랬습니다. 모여 살다 보니 유머가 생겼습니다.

최초의 유머 책은 1522년 알자스 프란체스코 수도회 소속 수도사 요하네스 파울리가 쓴 《농담과 진담》이라는 책입니다. 693가지 유머를 담았습니다. 무료한 생활을 유머로 즐기게 만든 책입니다.

그 때에는 자동차도 없었습니다. 먼 거리를 가려면 마차를 타고 며칠, 몇 달을 가야 했습니다. 그 때 마차를 타고 가면서 이 이야기, 저 이야기했던 것을 모아 놓은 유머 책이 출간되었습니다.

비크람이 1522년에 《마차 여행 소책자》라는 유머집을 만들었습니다. 1556년 제이콥 프라이가 《정원에서 모임》이라는 유머 책도 썼습니다. 1557년 마르틴 몬타수스가 《긴 여행을 짧게 만들어주는 소책자》라는 책도 출간하였습니다. 1563년 한스 빌헬름 키르히호프는 《벤트운무트》라는 유머 책도 썼습니다. 1559년 발렌틴 슈만은 《밤을 위한 소책자》라는 유머 책도 만들었습니다. 어린아이를 재우면서 할머니, 어머니가 들려주는 재미있는 이야기책입니다.

인쇄술이 발달하면서 이런저런 유머 책들이 줄줄이 이어졌습니다. 술집, 시장 등에서 이런 책들이 심심치 않게 팔려 나갔습니다.

2. 타자기 시대 유머

타자기가 발명되면서 유머의 보급도 빠르게 진행되었습니다. 유머가 말해지면 타자기로 쳐서 벽에 붙이기도 하고 나누어 갖기도 하였습니다.

1911년 프리드리히 S. 크라스우스가 쓴 논문 〈안트로포피테이〉에 의하면 이런 말이 나오고 있습니다.

> "이런 유머는 입에서 입으로, 집에서 집으로 전달되었다. 기분 좋게 식사 초대를 받고 유머를 듣고 나온 남편은 집에 돌아와 그 유머를 기록해 두었다가 기회가 있으면 전달하며 다른 사람을 즐겁게 하였다.
>
> 행상인들은 이집 저집 돌아다니며 인쇄물을 팔았다. 그 때 음탕한 유머 책을 팔기도 하였다. 이런 유머들은 손에서 손으로, 입에서 입으로 전해졌다. 사람들은 계층을 불문하고 이런 유머들을 말하고 듣기를 즐겼다."

3. 복사기 시대 유머

복사기가 나오면서 유머는 더욱 발달되었습니다. 업무에 이용되어야 할 복사기가 유머를 퍼뜨리는 데 사용되었습니다.

복사기 시대에 나온 유머 책 중에 가장 대표적인 책이 영국인 폴 스미스가 쓴 《재생산의 재미》라는 유머집입니다.

신문, 잡지에 나오는 유머들을 복사하여 편집한 유머집입니다. 주제는 역시 성적인 유머와 여가 선용에 대한 주제입니다.

1974년 프레스톤이 《제록스 민담》이라는 책을 편집하기도 하였습니다.

4. 팩스 시대 유머

팩스가 나오면서 유머는 한층 더 발달하게 되었습니다. 좋은 유머,

재미있는 유머, 재치 있는 유머가 발견되면 팩스로 나누었습니다. 그래서 유머는 빨리 보급되게 되었습니다.

다른 나라 문화권, 이질 문화권까지 유머는 보급되게 되었습니다.

5. 인터넷 시대 유머

1980년대 인터넷이 보급되면서 인터넷은 타자기, 팩스기를 재빨리 몰아내기 시작하였습니다. 급기야는 디지털 카메라, 스캐너가 나오면서 더욱 보급이 빨라지게 되었습니다. 동영상의 발달은 유머를 원색적으로 전달하게 되었습니다.

그러나 유머라고 다 유머가 아닙니다. 다음과 같은 세 가지 유머는 하지 않는 것이 건강한 사회를 만들어 가게 합니다.

첫째, 성적 유머.
둘째, 하나님을 모독하는 유머.
셋째, 사람들에게 상처를 주는 유머.

이러한 유머는 백해무익합니다. 즐거움을 주려는 유머가 도리어 독이 되게 합니다.

건전한 유머 하기 운동을 펼쳐야 합니다. 저속한 유머는 사회를 병들게 합니다.

아파트 전세

부부가 전세 놓겠다는 아파트를 찾아가서 주인에게 물었습니다.
"아파트를 전세 놓겠다고 하셨지요?"
"네. 그런데 아이가 딸린 집은 안 됩니다."
부부는 이 말을 듣고 돌아섰습니다.
조금 후 조그만 아이가 그 집을 찾아가서 주인에게 말했습니다.
"주인님! 이 아파트 저에게 전세 놓으세요. 저는 아이가 없어요. 아빠와 엄마를 데리고 있을 뿐이에요."

어색한 꾸밈

부동산 투자로 떼돈을 번 사람이 있었습니다. 무식한 사람이었습니다. 그는 그 돈을 조금도 이웃을 향하여 나누어 주지 않았습니다. 그리고 자기 집안에 온통 비싼 골동품, 온갖 진귀한 것들을 모아 진열하였습니다.
그리고 손님들을 초대하였습니다. 그리고 물었습니다.
"이곳에는 진귀한 물건들이 많습니다. 잘 보시고 어울리지 않는 것이 있으면 알려 주십시오. 즉각 치우겠습니다."
그 때 한 손님이 말했습니다.
"어울리지 않는 것이 하나 있습니다. 그것을 치워야 합니다."
주인은 눈이 동그랗게 되어 물었습니다.
"무엇입니까?"
손님이 말했습니다.

"당신입니다."

🎤 다 걸작이지

유명한 시인이 살고 있었습니다. 어느 날 그 집에 무명의 시인이 찾아와서 시집을 평해 달라고 부탁하고 돌아갔습니다. 이튿날 그가 찾아와서 물었습니다.

"선생님! 제 시집을 읽어 보셨나요?"

유명한 시인은 제자들 앞에서 말했습니다.

"읽었지."

"어느 시가 가장 마음에 들었나요?"

"84페이지 시가 가장 마음에 들었네."

무명의 시인은 흐뭇하여 돌아갔습니다. 그 후 제자들이 물었습니다.

"선생님! 솔직히 말씀해 주세요. 바쁘신데 언제 그 시를 읽으셨어요?"

"물론 안 읽었지."

"그런데 어떻게 84페이지 시가 가장 마음에 든다고 말씀하셨습니까?"

그 때 유명한 시인이 말했습니다.

"시인이란 자기가 쓴 시는 다 걸작이라고 생각하지. 아무것이나 말해도 좋아."

🍃 아파트 전세

부부가 전세 놓겠다는 아파트를 찾아가서 주인에게 물었습니다.
"아파트를 전세 놓겠다고 하셨지요?"
"네. 그런데 아이가 딸린 집은 안 됩니다."
부부는 이 말을 듣고 돌아섰습니다.
조금 후 조그만 아이가 그 집을 찾아가서 주인에게 말했습니다.
"주인님! 이 아파트 저에게 전세 놓으세요. 저는 아이가 없어요. 아빠와 엄마를 데리고 있을 뿐이에요."

🍃 어색한 꾸밈

부동산 투자로 떼돈을 번 사람이 있었습니다. 무식한 사람이었습니다. 그는 그 돈을 조금도 이웃을 향하여 나누어 주지 않았습니다. 그리고 자기 집안에 온통 비싼 골동품, 온갖 진귀한 것들을 모아 진열하였습니다.
그리고 손님들을 초대하였습니다. 그리고 물었습니다.
"이곳에는 진귀한 물건들이 많습니다. 잘 보시고 어울리지 않는 것이 있으면 알려 주십시오. 즉각 치우겠습니다."
그 때 한 손님이 말했습니다.
"어울리지 않는 것이 하나 있습니다. 그것을 치워야 합니다."
주인은 눈이 동그랗게 되어 물었습니다.
"무엇입니까?"
손님이 말했습니다.

"당신입니다."

🎵 다 걸작이지

유명한 시인이 살고 있었습니다. 어느 날 그 집에 무명의 시인이 찾아와서 시집을 평해 달라고 부탁하고 돌아갔습니다. 이튿날 그가 찾아와서 물었습니다.

"선생님! 제 시집을 읽어 보셨나요?"

유명한 시인은 제자들 앞에서 말했습니다.

"읽었지."

"어느 시가 가장 마음에 들었나요?"

"84페이지 시가 가장 마음에 들었네."

무명의 시인은 흐뭇하여 돌아갔습니다. 그 후 제자들이 물었습니다.

"선생님! 솔직히 말씀해 주세요. 바쁘신데 언제 그 시를 읽으셨어요?"

"물론 안 읽었지."

"그런데 어떻게 84페이지 시가 가장 마음에 든다고 말씀하셨습니까?"

그 때 유명한 시인이 말했습니다.

"시인이란 자기가 쓴 시는 다 걸작이라고 생각하지. 아무것이나 말해도 좋아."

🔖 여자의 매력

나이에 비해 유별나게 외모에 신경을 쓰는 부인이 있었습니다. 그런데 한 사람이 멋도 모르고 그 부인의 나이를 물었습니다. 그녀가 신경질적으로 말했습니다.
"왜 남의 나이를 묻나요?"
그 때 이렇게 다시 물었습니다.
"부인은 참 매력적입니다. 세상의 부인들은 대개 몇 살쯤 되면 그렇게 매력적이 되는지 알고 싶었지요."

🔖 절도

판사가 물었습니다.
"어째서 도둑질을 하였지?"
죄수가 말했습니다.
"사람이 배가 고프면 무슨 짓인들 못하겠습니까?"
"그렇지만 훔친 것은 먹을 것이 아니라 구두이지 않는가?"
도둑이 말했습니다.
"도둑질도 신발이 있어야 하지요."

🔖 이발 요금

완전히 대머리인 할아버지가 이발소에 가서 이발을 하고 물었습니다.

"얼마요?"
"1만 원입니다."
"나는 머리도 없는데 다 받으면 어떻게 해요?"
그 때 이발사가 말했습니다.
"할아버지 요금은 이발료가 아니에요. 머리카락 찾은 수고비예요."

🎯 적성 검사

아들을 낳은 어머니가 랍비를 찾아가서 물었습니다.
"랍비님! 우리 아들을 장차 어떻게 기르면 좋을까요?"
랍비가 말했습니다.
"간단합니다. 책상 위에 세 가지를 놓으십시오. 돈, 술, 그리고 성경을 놓고 집어 보라고 하십시오. 돈을 집으면 상인으로 기르십시오. 술을 잡으면 방랑자가 될 것입니다. 성경을 집으면 랍비로 기르면 됩니다."
랍비의 가르침대로 하였습니다. 세 가지를 놓고 아들에게 잡아 보라고 하였습니다. 아들은 술을 들이마시더니 돈을 집었습니다. 그리고 성경을 옆구리에 끼고 도망쳤습니다. 이에 놀란 어머니가 소리를 질렀습니다.
"아이고! 신부가 되려는 모양이다."

🎁 생일 선물

평소에 돈 쓰기를 좋아하는 아내가 있었습니다. 남편 생일이 되었습니다. 남편이 직장에서 돌아오자 아내가 기다렸다는 듯이 말했습니다.

"여보! 생일 선물로 깜짝 놀랄 만한 것을 준비하였어요."

남편이 호기심으로 물었습니다.

"뭔데?"

아내가 말했습니다.

"잠깐 기다려요."

그리고 옷장을 열더니 자기 옷을 꺼내 입으면서 말했습니다.

"멋있지요?"

독설가

극작가이자 평론가인 벤 존슨은 어디에 초대되든지 음식을 혹평하기로 소문나 있었습니다.

그것도 아주 지독하게 깎아내리는 통에 식사하던 사람들조차 음식 맛을 잃어버릴 정도였습니다. 어느 날 그가 초대받은 식탁에서 그는 말했습니다.

"이 음식은 영락없이 돼지 먹이군."

그 때 요리를 만든 주인이 말했습니다.

"어머나! 그래요? 그러면 한 접시 더 드려야겠네요."

소설을 읽다가 해고된 사람

영국의 에드워드 웨레스는 추리 소설 작가로 유명합니다. 어느 날 아는 사람이 찾아와서 말했습니다.

"웨레스 씨! 나는 당신의 소설이 너무 재미있어서 밤을 새워 읽었습니다. 한번 읽기 시작하니까 도중에 놓을 수가 없었습니다. 사무실에 나가는 것조차 잊었습니다. 그래서 해고당하고 말았습니다. 어떻게 하면 좋습니까?"

이 때 웨레스가 말했습니다.

"그것 참 안되었습니다. 아! 참 좋은 수가 있습니다. 이 책이 새로 쓴 책입니다. 더 재미있습니다. 이 책을 읽으면 해고된 사실을 잊을 수 있습니다. 그러면 편해질 것입니다."

🎩 털모자

어느 사람이 가만히 앉아 있어도 땀이 줄줄 흐르는 여름날에 털모자를 쓰고 앉아 있었습니다.

"왜 이렇게 더운 날 털모자를 쓰셨습니까?"

"더위를 잊으려고요."

"그러면 여름 모자가 더 시원할 텐데요."

이 사람은 털모자를 벗으며 말했습니다.

"이 털모자를 벗을 때에는 그 무엇과도 비교할 수 없는 시원함을 느끼게 되거든요."

🎩 술이 나빠요

한 사람이 만취해서 돌아왔습니다. 너무 취해서 엘리베이터를 찾지 못하다가 계단에서 넘어졌습니다. 얼굴에 심한 상처가 났습니다. 아무리 취했어도 치료는 해야겠다고 생각하고 바로 화장실로 갔습니다. 상처에 빨간약도 바르고 반창고도 붙였습니다.

그런데 아침에 아내가 말했습니다.

"왜 거울에 그렇게 반창고를 많이 붙여 놓았어요?"

그리고 야단을 쳤습니다. 다음날 목사님이 그 집에 심방을 갔습니다. 남편이 술에 취해 아직 정신을 차리지 못하고 누워 있었습니다.

목사님이 말했습니다.

"선생님, 그놈의 나쁜 술 때문에 고생하고 계시는군요."

누워 있던 남편이 벌떡 일어나면서 말했습니다.

"역시 목사님은 저의 심정을 잘 아시는군요. 우리 집사람은 저보고 나쁘다고 하는데 제가 나쁜 것이 아니라 술이 나쁘지요. 목사님."

종철이 형제

어머니와 아들 셋이서 함께 살고 있었습니다. 종철, 또철, 막철이라고 이름을 지었습니다. 나란히 1, 2, 3학년에 다니고 있었습니다.

오늘따라 도시락을 빠뜨리고 학교에 갔습니다. 어머니는 도시락을 싸들고 학교로 달려갔습니다. 그리고 큰소리로 큰아들을 불렀습니다.

"종철아!"

그 때 졸고 있던 수위가 깜짝 놀라 깨서 허겁지겁 종을 쳤습니다.

어머니는 종철이가 대답하지 않자, 둘째 아들을 불렀습니다.

"또철아!"

그러자 수위 아저씨가 또 종을 쳤습니다. 또철이도 대답하지 않자,

이번에는 막내를 불렀습니다.
"막철아!"
수위 아저씨는 종을 막 쳤습니다.

🔖 의사의 스승

불치병으로 죽어가는 환자가 병실에서 죽는 날만을 기다리고 있었습니다. 이 때 강도가 들어왔습니다. 그리고 소리를 질렀습니다.
"가진 것을 순순히 다 내놓으면 생명만은 살려준다."
환자가 말했습니다.
"가진 것 다 주어도 의사는 못 살린다는데, 당신이 어떻게 나를 살려요?"

🔖 벌 받기

손자가 너무나 버릇없이 굴었습니다. 양반인 할아버지는 이를 보고만 있을 수 없었습니다. 눈이 펑펑 내리는 날이었습니다. 손자가 버릇없이 굴자 할아버지는 손자를 혼내야겠다고 생각하였습니다. 그래서 옷을 다 벗기고 완전히 벗은 몸으로 눈 위에 무릎 꿇고 앉게 하였습니다.
그 때 아버지가 이 모습을 보았습니다. 자기도 옷을 다 벗고 그 옆에 앉았습니다. 할아버지가 놀라서 아들에게 물었습니다.
"네가 왜 옷을 벗고 눈 위에 앉느냐?"
아버지가 말했습니다.

"아버님이 제 아들을 죽이려고 하니 저도 아버지의 아들을 죽이려고 합니다."

할아버지가 놀라서 벌을 중단하였습니다.

거드름

거드름을 피우는 양반이 있었습니다. 가난하여 끼니도 제대로 못 먹는 양반이었습니다. 그가 잔칫집에 갔습니다. 진수성찬이 차려져 있었습니다. 식사를 권하자 거드름을 피우면서 말했습니다.

"나는 여기 음식보다 더 좋은 양고기를 먹고 왔소이다. 밥은 먹었으니 술이나 한잔 주시지요."

그래서 술을 한잔 주었습니다. 빈속에 술이 들어가니 미식거리다가 결국은 토하고 말았습니다. 그런데 겨가 나왔습니다. 사람들이 물었습니다.

"양고기를 먹었다더니 겨가 나오네요."

양반이 말했습니다.

"내가 먹은 양이 겨를 먹은 모양입니다."

허풍쟁이

허풍쟁이가 손가락 두 개를 보이면서 말했습니다.

"우리 집에는 해와 달, 두 개만 없고 다 있지."

그 때 그 옆에 있던 아들이 말했습니다.

"아빠! 쌀도 없어요."

허풍쟁이가 말했습니다.

"해와 달 그리고 쌀 세 가지만 없지요."

🔦 지푸라기 이불

가난한 집이라 지푸라기를 덮고 자야 하는 가정이 있었습니다. 아버지는 아들에게 말했습니다.

"아들아! 지푸라기를 덮고 잔다고 말하면 안 된다. 이불을 덮고 잔다고 그래."

아들은 고개를 끄덕였습니다. 다음날 아버지 수염에 지푸라기가 붙어 있었습니다. 사람들이 많은 곳이었습니다. 아들이 아버지에게 말했습니다.

"아버지! 수염에 이불이 붙었어요."

🔦 열병

열이 많이 나는 열병 환자가 있었습니다. 병원에 가서 약을 지어 먹었는데 죽고 말았습니다. 가족이 의사에게 말했습니다.

"열도 내리지 못하게 하고 무슨 의사 노릇을 합니까? 죽었어요."

의사가 진찰을 하더니 말했습니다.

"무슨 말을 그렇게 합니까? 열 내리는 약을 먹고 열이 하나도 없어졌습니다."

🌿 꼽추 고치기

등에 혹이 난 꼽추가 등을 펴달라고 병원에 갔습니다. 의사는 널빤지 두 개를 가지고 왔습니다. 그리고 하나를 깔고 누우라고 하였습니다. 그리고 그 위에 널빤지를 덮고 끈으로 단단히 동여매었습니다. 그리고 짓누르기 시작하였습니다. 꼽추는 아프다고 아우성이었습니다. 의사가 말했습니다.

"조금 참아요."

그리고 사정없이 눌렀습니다. 납작하여지며 꼽추가 펴졌습니다. 그러나 꼽추가 죽었습니다. 가족들이 항의하였습니다. 의사가 말했습니다.

"나는 죽든지 살든지 관심이 없습니다. 꼽추만 펴면 목적을 이룬 것입니다."

🌿 차용증서 대신 초상화

친구가 와서 돈을 꾸어 달라고 하였습니다. 친구이기에 할 수 없이 돈을 꾸어 주려고 하자 차용증서를 써주려고 하였습니다. 돈을 빌려주는 친구가 말했습니다.

"차용증서는 필요 없네. 대신에 돈 빌려갈 때 초상화 하나 그려 주게."
"왜 그런가?"

돈을 빌려주는 친구가 말했습니다.

"자네는 한번 빌려가면 안 주는 성격이야. 받기가 힘들어. 돈 빌려갈 때 얼굴을 가지고 가서 돈을 달라고 그러려고 하네."

🌿 바보 사위

바보 사위를 둔 장인이 있었습니다. 장인은 버드나무를 가리키면서 물었습니다.
"이 버드나무가 자라면 무엇에 쓸 수 있을까?"
바보가 말했습니다.
"다 자라면 마차 바퀴를 만들 수 있습니다."
장인은 자기 사위가 바보는 아니라고 생각하였습니다. 그 때 부엌으로 가더니 조그만 나무 절구를 가지고 나오며 말했습니다.
"이 절구가 크면 커다란 돌 절구가 되지요."
장인이 기가 막혀서 방귀를 뀌었습니다. 바보 사위가 말했습니다.
"방귀가 크면 천둥이 되지요."

🌿 시체에 부채질

몹시 추운 겨울이었습니다. 젊은 남편이 죽었습니다. 젊은 아내는 구슬프게 울면서 시체에 부채질을 하고 있었습니다.
사람들이 놀라서 물었습니다.
"추운 겨울에 왜 시체에 부채질을 하나요?"
그 여자가 말했습니다.
"내 시체가 식기 전에는 시집가지 마라고 말하고 죽었어요."

🎯 외과 의사

재수가 없으면 뒤로 넘어져도 코가 깨진다는 말이 있습니다. 활 쏘는 사람 옆에 있다가 활이 귀를 뚫고 나왔습니다. 그래서 귀 양쪽에 활이 박혀 있었습니다. 병원으로 달려갔습니다. 의사는 양쪽에 나온 화살을 잘랐습니다. 그리고 치료비를 요구하였습니다.
"속에 있는 화살도 뽑아 주지 않고 치료비를 요구하십니까?"
그 의사가 말했습니다.
"나는 외과 의사요. 속에 있는 화살은 내과 의사에게 가서 뽑으시오."

🎯 나는 하나님의 아들이다

정신병동에서 두 환자가 이야기를 나누고 있었습니다.
"나는 하나님의 아들이다."
다른 이가 말했습니다.
"나는 너 같은 아들을 둔 적이 없다."

🎯 대학 교수

아빠가 대학 교수였습니다. 할머니가 손자에게 말했습니다.
"네 아빠는 학교 다닐 때 공부를 잘 못하였지."
손자가 듣고 말했습니다.
"그래서 우리 아버지는 지금도 대학교에 다녀요."

운하에서

한 사람이 운하에 빠져서 소리를 질렀습니다.
"살려 주세요."
지나가던 사람이 물었습니다.
"당신은 누구신가요?"
그가 대답하였습니다.
"보이는 저곳 제재소에서 일하고 있는 홍길동이오."
그는 건져 주지는 않고 제재소로 달려갔습니다. 그리고 주인에게 말했습니다.
"홍길동 대신에 저를 취직시켜 주세요."
주인이 말했습니다.
"한발 늦었습니다. 떠밀어 넣은 사람이 취직되었습니다."

브라우닝의 시

시인 로버트 브라우닝은 유명한 시인입니다. 영국과 독일에서 그의 난해한 시를 이해하지 못하여 난처해 할 때가 종종 있었습니다.
한번은 브라우닝 시인 클럽에서 한 사람이 물었습니다.
"브라우닝! 그 난해한 구절을 해설해 주십시오."
그 때 브라우닝이 말했습니다.
"내가 이 시를 쓸 때에는 나와 하나님만 알았었는데, 지금은 하나님만 알고 있지요."

🐾 부두 노동자의 죽음

부두 노동자가 부두에서 일하다가 물에 빠져 죽었습니다. 보험금이 2억이 나왔습니다. 아내가 그 돈을 받아 들고 이렇게 기도하였습니다.

"하나님! 감사합니다. 남편이 수영할 줄 몰랐던 것을……. 하나님! 감사합니다."

🐾 싸구려 여관

시골 싸구려 여관에 든 손님이 후진 여관 시설을 보고 주인에게 물었습니다.

"이 돼지우리 1박 2일에 얼마예요?"

주인이 말했습니다.

"한 마리에 2만 원, 두 마리에는 3만 원입니다."

🐾 일기

방학 숙제가 매일 일기를 쓰는 것이었습니다. 그런데 일기 숙제를 하나도 하지 않은 학생이 있었습니다. 그래서 선생님이 물었습니다.

"너는 왜 일기를 하루도 쓰지 않았니?"

그 학생이 대답하였습니다.

"선생님! 바쁠 때는 쓸 시간이 없었어요. 그리고 아무것도 안 한 날은 쓸 것이 없었어요."

얼룩진 역사

한승헌 변호사가 출판사 사장으로부터 비에 얼룩진 《한국사 입문》이라는 책을 선물로 받았습니다. 그 때 출판사 사장이 말했습니다.

"변호사님! 죄송합니다. 창고가 비에 젖어서 책이 얼룩지고 말았습니다. 깨끗한 책을 드려야 하는데 죄송합니다."

이 때 한 변호사가 말했습니다.

"괜찮습니다. 어차피 한국 역사는 얼룩진 역사이니까요."

어떤 시험

대통령들을 앞혀 놓고 시험이 있었습니다. 대통령들이 어느 정도 아이큐를 가지고 있는가를 테스트하는 시험이었습니다. 시험 문제는 이것이었습니다.

"세계적인 실존주의 철학자는 누구인가?"

김대중이 먼저 자신 있게 썼습니다.

"니체."

그 옆에 있던 김영삼이 커닝을 하였습니다. 그래서 이렇게 썼습니다.

"나체."

그 옆에서 보고 있던 노무현이 이렇게 썼습니다.

"누드."

그 옆에서 보고 있던 전두환이 이렇게 적었습니다.

"알몸."

🔖 식당 주인

어느 날 식당 주인이 종업원들을 모아 놓고 말했습니다.
"오늘은 손님들에게 특별히 친절해야 합니다."
종업원들이 물었습니다.
"오늘은 특별한 손님들이 오시나요?"
주인이 말했습니다.
"오늘은 고기가 질기다."

🔖 촌지를 좋아하는 선생님

촌지를 너무나 좋아하는 선생님이 있었습니다. 그런데 학생 중에 한 명이 부모도 찾아오지 않고 촌지도 전혀 없었습니다. 그래서 특별히 그 학생을 미워하였습니다.

그러던 어느 날 그 학생이 쌀을 한 자루 짊어지고 왔습니다. 선생님은 좋아하면서 식사 대접을 잘하였습니다. 밥을 잘 먹은 학생이 다시 쌀 한 자루를 등에 짊어지고 나가며 말했습니다.

"선생님! 잘 먹었습니다. 하숙집에 가는 길에 선생님이 보고 싶어서 들렀습니다."

🔖 낭비

낭비가 너무나 심한 회사가 있었습니다. 그래서 사장이 사원들을 모아 놓고 말했습니다.

"절약의 지혜를 현상 모집합니다. 어떻게 하면 낭비를 줄일 수 있는지 아이디어를 내십시오. 현상금은 100만 원입니다."

그 때 한 사원이 말했습니다.

"제게 아이디어가 있습니다. 현상금 100만 원을 10만 원으로 줄이십시오."

🌼 장님 행세

장님이 지팡이를 짚고 가면서 지나가는 노인에게 구걸을 하였습니다.

"한 푼 주십시오. 영감님!"

노인이 물었습니다.

"당신은 장님이면서 어떻게 내가 영감인 것을 알았어요?"

장님이 놀라며 말했습니다.

"아이쿠! 실수하였네. 벙어리 흉내를 내려고 하였는데……."

🌼 불 아끼기

너무나 인색하여 전기도 켜지 않고 사는 구두쇠 영감이 있었습니다. 그가 동네 사람을 저녁에 초대하였습니다. 그러나 어두워져도 불을 켜지 않았습니다. 손님 한 명이 화가 났습니다. 그래서 뜨거운 국물을 떠 구두쇠 영감의 입에 퍼부었습니다.

그 영감이 너무 뜨거워서 소리를 질렀습니다.

"이게 무슨 짓인가?"

그가 말했습니다.

"미안하게 되었네. 너무 어두워서 내 입인 줄 알았지."

육지가 가깝다

배가 큰 파도로 파선 지경이 되었습니다. 게다가 모두 배멀미로 한 사람 두 사람 쓰러지기 시작하였습니다. 한 사람이 견디다 못하여 물었습니다.

"땅이 얼마나 먼가요?"

선장이 말했습니다.

"1,000m 정도 될 것입니다."

"그렇게 가까우면 빨리 가시지요."

선장이 배 밑을 가리키면서 말했습니다.

"밑으로 1,000m입니다."

성년과 결혼

영국에서는 18세만 되면 성년이 됩니다. 그러나 21세 이후가 아니면 부모의 승낙 없이는 결혼을 할 수 없습니다. 그런데 영국 황태자 아들이 18세가 되어 성년이 되었다고 발표하였습니다. 그러면 왕위를 물려받을 수 있다는 의미였습니다. 그 때 한 사람이 물었습니다.

"18세만 되면 왕도 될 수 있는데 어째서 21세 이후가 아니면 양친의 동의 없이는 결혼할 수 없지요?"

황태자가 대답하였습니다.

"여자를 지배하는 것이 왕국을 지배하는 것보다 어려운 모양이야."

🔖 김선달과 벼루

봉이 김선달이 평양 감사의 명령으로 한양 정승 댁에 심부름을 가게 되었습니다. 정승은 벼루를 좋아하였습니다. 그래서 비싼 벼루 선물을 가지고 떠났습니다. 그런데 김선달은 술과 여자를 좋아하였습니다. 가던 중에 주막에서 술을 마시고 비틀대다가 벼루를 깨뜨려 버리고 말았습니다. 이제 죽은 목숨과 같았습니다.

김선달은 꾀를 냈습니다. 김선달은 태연하게 깨진 벼루를 등에 넣고 정승 댁으로 갔습니다. 그리고 막무가내로 정승 댁으로 들어가려고 시도하였습니다.

하인들은 낯선 사람이 말도 없이 들어가려고 하니까 못 들어가게 막았습니다. 실랑이가 벌어졌습니다.

이 때 일부러 뒤로 넘어지면서 깨진 벼루를 또 깨뜨렸습니다. 하인들에게 깨진 벼루를 보여주면서 말했습니다.

"이제 큰일 났습니다. 당신의 정승에게 드리는 선물인데 야단났습니다. 이 이야기를 들은 정승은 평양 감사에게 편지를 써 주었습니다.

"귀한 벼루를 잘 받았네."

🔖 산수의 초보

어떤 젊은 부인이 슈퍼마켓에 갔습니다. 주방 용품점에 들렀습니다. 광고 문구가 눈에 띄었습니다.

"이 레인지 하나로 당신의 가사는 반이 줄어듭니다."
그는 집에 돌아와서 친구에게 전화를 걸었습니다.
"오늘 아침 나는 레인지를 두 개 샀다."

🎯 형사의 대답

어느 날 한 남자가 경찰서로 전화를 걸었습니다.
"형사님! 죄송하게 되었습니다. 지난주 열차에서 지갑을 잃어 버렸다고 전화를 걸었던 사람입니다. 그런데 알고 보니 잃어버린 것이 아니라 뒷주머니에 있었습니다. 찾았습니다."
형사가 말했습니다.
"이제 소용이 없습니다. 이미 범인은 잡아서 감옥에 넣었습니다."

🎯 연습

의사가 환자에게 말했습니다.
"오늘 아침에는 기침하는 것이 좀 수월하시군요."
환자가 말했습니다.
"당연하지요. 밤새워 연습하였습니다."

🎯 약장수

약장수가 소리를 질렀습니다.
"이 기침약을 수천 병을 팔았습니다. 그런데 이 약을 먹고 탈이 있었다는 사람은 한 명도 없었습니다."
그 때 손님 중에 한 명이 소리를 질렀습니다.
"당연하지요. 그 약을 먹은 사람은 다 죽었으니까요."

🔔 선교사의 자랑

아프리카 오지에서 선교 활동을 하고 있는 선교사가 있었습니다. 원주민들을 놀라게 해주고 싶어서 헬리콥터를 가지고 와서 원주민들을 태워 주었습니다. 그리고 비행기 안에서 말했습니다.
"멋있지요. 내려다보는 경치가 어때요?"
그 때 원주민이 말했습니다.
"이런 것은 곤충들도 하는 걸요."

🔔 항아리 구입

바보가 항아리를 사러 갔습니다. 모두 항아리를 엎어 놓고 있었습니다. 이물질이 들어가는 것이 싫어서였습니다. 바보가 말했습니다.
"이 항아리들은 모두 주둥이가 없네."
그리고 항아리를 엎어 보았습니다. 그리고 말했습니다.
"젠장, 밑도 빠졌네."

🔔 주유소

대학을 졸업한 아들이 시골 아버지에게 편지를 보냈습니다.

"아버지! 큰 석유 회사에 취직되었습니다."
아버지가 기뻐서 올라와 보았습니다.
주유소에 취직되어 일하고 있었습니다.

🎵 여자가 없다면

아내가 남편의 바지를 다림질하면서 말했습니다.
"여보! 이 세상에 여자가 없다면 누가 남자 바지를 다림질해 주겠어요?"
남편이 말했습니다.
"이 세상에 여자가 없다면 어떤 남자가 바지를 입고 다니겠어?"

🎵 남자와 여자의 차이

남자는 호주머니에 돈이 있을 때 거만해지고,
여자는 예쁘다는 말을 들으면 거만해진다.
남자는 오른 귀로 들은 말을 왼쪽 귀로 내보내지만,
여자는 양쪽 귀로 들은 것을 입으로 내쏟는다.

🎵 흰머리가 나는 까닭

아들이 아버지에게 물었습니다.
"아버지! 아버지 머리에는 왜 흰머리가 나는 거예요?"
아버지가 말했습니다.

"이놈아! 네가 속을 썩이니까 그렇지."
아들이 말했습니다.
"그러면 아버지! 할아버지 머리에는 왜 흰머리가 나나요?"

🔊 모국어

선생님이 물었습니다.
"왜 나랏말을 모국어라고 하는지 아니?"
한 학생이 대답하였습니다.
"네, 알아요. 우리 집에서 보면 아버지는 별로 말이 없어요. 어머니 혼자 말해요. 그래서 어머니가 쓰는 말이니까 모국어라고 그러는 것이지요."

🔊 유지비

한 남자가 말했습니다.
"아내를 갖는다는 것과 자동차를 갖는다는 것은 비슷해요."
듣고 있던 친구가 왜 그런지 물었습니다.
"처음에 들어가는 돈보다 유지비가 더 많이 들어."

🔊 증명

낚시를 하는 사람에게 물었습니다.
"잡았습니까?"

"못 잡았어요."
"고기는 있어요?"
"없는 것 같아요."
"그런데 왜 그렇게 낚싯대를 담그고 있나요?"
그가 말했습니다.
"아내에게 페인트칠 할 시간이 없다는 것을 증명해 주려고요."

🍀 미끼 값

남편이 아내에게 물었습니다.
"여보! 이것이 당신 결혼하기 전에 산 옷들의 청구 대금 명세서지요?"
아내가 말했습니다.
"그래요. 그렇다고 당신 화난 것은 아니지요?"
남편이 말했습니다.
"그렇지만 미끼에 걸려든 고기에게 미끼 값을 내라고 하는 것은 너무하지 않아요?"

🍀 주차장

은행 앞에서 차를 타고 온 고객이 수위에게 물었습니다.
"주차장이 어디 있나요?"
수위가 주차장을 가리키면서 말했습니다.
"보면 몰라요?"

손님이 말했습니다.
"아니오. 이번에 승진하여 오신 주 차장님 말이에요."

🔦 공처가

공처가가 아내를 속이고 가까스로 빠져 나와 밤새 노름을 하였습니다. 새벽에 들어가려니 겁이 났습니다. 소름이 끼쳤습니다. 그런데 좋은 생각이 떠올랐습니다. 그래서 새벽에 전화를 걸었습니다.
"여보! 나 인질로 잡혔다가 간신히 빠져 나왔어. 몸값은 지불하지 않아도 돼."

🔦 소견머리

남편이 아내에게 물었습니다.
"여보! 어제 신문 어떻게 했지요?"
아내가 말했습니다.
"신문으로 쓰레기를 싸서 버렸지요."
"그 신문 볼 것이 있는데……."
아내가 말했습니다.
"볼 것 없어요. 오렌지 껍질하고 달걀 껍질뿐이에요."

🔦 의부증

의부증 아내를 둔 세 남자가 이런 대화를 하고 있었습니다.
"내 아내는 의부증이 너무 심해. 옷에 연지만 조금 묻어도 야단이지."

"내 아내는 그 정도가 아니야. 여자 머리칼 하나라도 있는지 샅샅이 뒤지는 형이야."

이런 이야기를 듣던 다른 남자가 말했습니다.

"내 아내는 너무 심해. 옷에 머리칼이 없으니까 대머리 여자와 놀다 왔다는 거야."

🔍 백화점의 쥐

어느 백화점에서 생긴 일입니다. 손님이 백화점 식품부에서 먹을 것을 쇼핑하고 있을 때였습니다.

갑자기 생쥐 한 마리가 나타났습니다. 손님이 기겁을 하며 놀랐습니다. 백화점 식품부에 생쥐가 있다는 소문이 나면 큰일 날 판이었습니다. 이 때 여직원이 말했습니다.

"손님! 놀라지 마세요. 저 생쥐는 우리 식품부의 마스코트입니다."

🔍 지각한 이유

사장이 지각한 사원에게 물었습니다.

"자네, 왜 늦었나?"

사원은 태연하게 말했습니다.

"사장님! 오늘 아파트에서 나오다가 3층에서 1층까지 굴렀습니다. 하마터면 죽을 뻔하였습니다."

사장이 말했습니다.

"3층에서 1층까지 구르는 데 1시간이 걸렸나?"

독약

어느 정치가가 부녀자 보호에 대하여 반대 의견을 연설하고 있었습니다. 그 때 한 여자가 일어나서 소리를 질렀습니다.
"당신이 내 남편이라면 나는 당신에게 독약을 먹일 것입니다."
그 정치가가 태연하게 말했습니다.
"내가 당신 남편이라면 독약을 기꺼이 마시겠습니다."

귀부인과 돼지

어느 사람이 무식한 귀부인에게 "돼지"라고 모욕적인 언사를 사용하였다고 재판을 받게 되었습니다. 법정에서 그가 판사에게 물었습니다.
"귀부인에게 돼지라고 했다고 벌금형을 내리시는 것입니까?"
"그렇습니다."
"그렇다면 돼지에게 귀부인이라고 부르는 것은 어떻습니까?"
"그야 자유이지요."
"알았습니다."
그리고 그 남자는 방청석에 앉아 있는 그 여인에게 말했습니다.
"귀부인! 그럼 안녕히 가십시오."

영국 경찰

영국에서 실정의 책임이 하원과 왕궁에 있다고 도로에서 데모 행렬이 있었습니다. 그들은 하원과 왕궁을 불사르자고 외치고 있었습니다. 그런데 이들은 도로를 점령하고 있어서 명백한 도로법 위반이었습니다.

경찰이 이들에게 소리를 질렀습니다.

"여러분! 질서 있게 행동합시다. 하원을 불사르는 데 동의하시는 분은 길 오른편으로 나가 서시고, 왕궁을 불사르는 데 동의하시는 분은 길 왼편으로 나가 서십시오."

군중은 웃으면서 도로에서 밖으로 나왔습니다.

이태원 쇼핑

이태원에서 코트를 고르던 아가씨가 마음에 드는 코트를 골라 들고 주인에게 말했습니다.

"아저씨! 차비만 좀 빼주세요."

그 때 주인 아저씨가 말했습니다.

"여기에는 미국에서 온 손님도 많아요."

1980년대 풍자

시위대 맨 앞에 있으면 주동 세력입니다.
시위대 중앙에 있으면 핵심 세력입니다.

시위대 뒤에 있으면 배후 세력입니다.
시위대 왼편에 있으면 좌익 세력입니다.
시위대 오른편에 있으면 우익 세력입니다.
시위대에 참여하지 않고 구경만 하고 있으면 묵시적 동조 세력입니다.
시위대를 보며 앉아서 구경만 하고 있으면 좌경 세력입니다.

🔔 유산 상속

돈은 많으나 자식이 없는 부자가 있었습니다. 세상을 떠날 때 그는 장의사와 친구들을 불러 마지막 유언을 하였습니다.
"내가 죽거든 나를 새벽 4시에 장례 지내주십시오. 그리고 유언서는 그곳에서 뜯어보도록 하십시오."
새벽 4시 장례이기에 어두운 묘지까지 장례를 치른 친구는 모두 4명이었습니다. 장례를 치르고 유언서를 뜯었습니다. 이렇게 적혀 있었습니다.
"내 유산은 마지막까지 장례에 참석한 사람에게 똑같이 나누어 주십시오."

🔔 아무리 그래도

절친한 친구 둘이 있었습니다. 서로 없어서는 못 산다고 늘 말하는 친구였습니다. 둘은 똑같이 말했습니다.
"여보게. 자네 없는 세상을 어떻게 살겠나? 자네가 먼저 죽으면 나도 데리고 가 주게."

똑같이 한 말입니다.

한 사람이 정말 그런가 실험해 보고 싶었습니다. 그래서 밤중에 한 친구에게 가서 다른 친구가 죽었다고 말했습니다. 그리고 빨리 다른 친구에게 달려가서 똑같이 말했습니다.

둘은 서로 상대방 집으로 가다가 중간에서 만났습니다. 둘은 약속이나 한 듯이 이렇게 말했습니다.

"귀신이다. 나는 더 살아야 해. 나를 데리고 가기 전에 도망치자."

그리고 둘은 도망쳤습니다.

점쟁이

점쟁이가 길을 가다가 길을 몰라 지나가는 사람에게 길을 물었습니다. 그 사람이 말했습니다.

"당신은 점쟁이인데 점쳐 보면 되지 않소?"

점쟁이가 말했습니다.

"내가 아침에 점을 쳐보니 지나가는 사람에게 물으라는 점괘가 나왔소."

죽기까지

진주를 잔뜩 실은 배가 풍랑에 여러 날 좌초되어 있었습니다. 그래서 먹을 것이 없어져 굶어 죽게 되었습니다. 마침 지나가던 배가 다가왔습니다. 그 배에는 쌀자루가 많았고 여승이 타고 있었습니다.

반가워서 말했습니다.

"스님! 비싼 진주를 드릴 터이니 쌀 좀 주세요."

그러나 스님은 목탁만 두드리며 염불을 하고 있었습니다.

배가 고픈 이들이 또 말했습니다.

"진주를 많이 드릴 터이니 쌀 좀 주세요."

그러나 스님은 말없이 목탁만 두드렸습니다.

"진주는 필요 없소."

이들은 너무나 배가 고파서 말했습니다.

"어떤 조건이면 쌀을 주실지 말해 보세요."

여승이 그 때 말했습니다.

"나는 당신들이 다 굶어 죽기를 바라오. 그러면 쌀을 줄 필요도 없이 그 진주는 다 내 것이오."

🎤 초코 우유

아가씨가 회사에 취직을 했습니다. 회사에 노총각인 상사가 있었습니다. 그가 부하 직원인 아가씨에게 여자 친구를 소개시켜 달라고 자꾸 졸랐습니다.

미루고 미루다 지친 여직원이 물었습니다.

"선배님, 어떤 타입을 원하세요?"

"우윳빛 살결인 여자라면 무조건 좋겠는데."

다음날 상사는 멋진 레스토랑에서 소개시켜 준 아가씨가 오기를 기다리고 있었습니다. 정말 멋있게 빼입고 여직원 친구가 나타났습니다.

그런데 소개해 준 아가씨는 우윳빛 살결이 아니라 시커멓게 그을린 얼굴이었습니다.

깜짝 놀란 상사가 이튿날 여직원에게 물었습니다.

"아니! 내가 우윳빛 살결이라고 했잖아!"

여직원이 웃으며 말했습니다.

"어머, 선배님. 초코 우유는 우유가 아닌가요?"

남자 화장실

어느 백화점의 남자 화장실에서 일어난 조그만 사건입니다.

큰 일 보는 곳이 두 칸이었습니다. 그중 한쪽에 들어가 앉아서 막 볼일을 보려고 하는데, 옆 칸에서 인기척이 났습니다. 그리고 그 사람이 말을 걸었습니다.

"안녕하세요?"

그는 이렇게 생각하였습니다.

'화장실에서 일 보는데 무슨 인사인가?'

혹시 휴지라도 달라고 하는 건 아닐까 싶어서 대꾸하였습니다.

"네, 안녕하세요."

그가 바로 대답하였습니다.

"네, 식사는 하셨습니까?"

그는 화가 났습니다.

"대변을 보면서 무슨 식사 이야기인가?"

그러나 대답하였습니다.

"네, 방금 먹었습니다."

"그쪽에 계신 분도 식사는 하셨습니까?"
그는 또 말했습니다.
"죄송합니다. 이만 전화 끊어야겠습니다. 옆에서 어떤 미친 녀석이 자꾸 내 말에 대답을 하네요."

🔔 천국 가는 길

집사님이 노방에서 전도를 하며 말했습니다.
"예수 믿고 천국에 가십시오."
그 때 동네에 평소 잘 아는 사람이 이렇게 말했습니다.
"집사님! 저는 교회에 나가지 않아도 장인어른 백으로 천국에 갈 수 있을 것 같습니다."
전도하던 집사님이 물었습니다.
"아니, 장인어른이 누구시기에 그런 말씀을 하십니까?"
그러자 그가 말했습니다.
"집사님, 내 아내가 매일 집에서 기도를 할 때마다 '하나님 아버지, 하나님 아버지' 라고 기도를 하니 저의 장인 되신 하나님의 백으로 천국에 갈 수 있지 않겠어요?"

🔔 자살하려고요

너무나도 삶의 피곤을 느끼고 있는 러시아인이 자살하기로 결심하였습니다. 어느 날 저녁 그는 빵을 한 봉지 사서 옆구리에 끼고 시골길을 걸었습니다.

철로가 나타나났습니다. 이 사람은 그 위에 누웠습니다.

얼마 후 한 농부가 지나가다가 이 광경을 보았습니다.

"여보시오! 거기 철로 위에 누워 뭘 하는 거요?"

그가 말했습니다.

"기차에 치여 자살해서 죽으려고요."

"그런데 그 빵은 뭐요?"

"이거요? 기차가 오려면 며칠 걸린다면서요. 기차를 기다리다가 굶어 죽는다 해서요."

목사님의 휴대폰

어느 목사님은 예배 때마다 울리는 핸드폰 소리 때문에 항상 짜증을 내셨습니다.

그러던 어느 날 설교를 열심히 하고 있을 때였습니다. 핸드폰 소리가 요란스럽게 울렸습니다. 한참을 울리는데도 도무지 끄지 않는 것이었습니다. 성도들이 모두 둘러보고 있었습니다.

목사님도 짜증을 낼 지경이 되었습니다. 그런데 알고 보니 그 휴대폰은 바로 목사님의 주머니 속에서 울리고 있는 것이었습니다. 목사님은 태연히 휴대폰 슬라이더를 밀고 말했습니다.

"아! 여보세요. 하나님이세요? 하나님! 말씀하십시오. 제가 듣겠나이다. 그런데 하나님, 지금 제가 지금 설교 중이거든요. 예배 끝나고 곧바로 하나님께로 전화드리겠습니다."

그리고 또 말했습니다.

"네! 네! 30분 후면……설교 간단히 하고 끝내렵니다. 네……

네……네……꼭 전화드리겠습니다."

🔊 말조심

이런 말을 이런 사람에게 하면 실례입니다.
"당신은 살아 있는 부처님입니다."
- 선행을 베푸시는 목사님에게
"할머니, 꼭 백 살까지 사셔야 해요!"
- 올해 연세가 99세인 할머니께

"당신은 정직한 분 같습니다."
- 직구밖에 못 던져 좌절하고 있는 투수에게

"참석해 주셔서 자리가 빛났습니다."
- 머리가 반짝이인 대머리 아저씨에게

"어머나, 머릿결이 왜 이렇게 곱지? 마치 만든 머리 같아요."
- 가발을 쓴 대머리에게

"남편께서 무병장수하시길 빕니다."
- 매일 구타당하는 아내에게

"당신의 화끈함이 맘에 듭니다."
- 화상을 입은 환자에게

"댁의 아들이 가업을 잇겠다는 말에 큰 감명을 받았습니다."
-도둑에게

허풍쟁이

한나라 무제가 여러 신하들 앞에서 잔치를 베풀면서 말했습니다.
"좀 심심하니 황당한 말로 입씨름이나 하자. 내가 먼저 하마. 나는 날쌔기가 솔개 같고, 사납기가 표범 같으며, 이빨은 상아 같고, 소리는 우레 같아서 한번 소리를 지르면 40년은 울릴 것이다. 어떤가?"
동방삭이 가만히 듣고 있더니 일어나서 말했습니다.
"제가 한마디 올리겠습니다.
저는 앉은자리에서 일어날 수가 없습니다. 앉아 있어도 머리가 하늘에 닿았기 때문입니다. 옆으로도 자랄 수가 없습니다. 옆 공간도 없이 꽉 자랐습니다. 바다를 건너려고 하여도 발을 디딜 곳이 마땅치 않습니다. 물을 마시려고 하여도 못 마십니다. 천하가 다 입 속으로 들어오기 때문입니다. 침을 한번 뱉으려고 하여도 온 세상이 떠내려갈까 두려워서 뱉을 수가 없습니다. 어떻습니까?"

점쟁이

무슨 일만 있으면 꼭 점을 쳐서 행동하는 점쟁이가 있었습니다. 어느 날 그 점쟁이가 길을 가다가 담장이 넘어져서 깔리고 말았습니다. 점쟁이가 외쳤습니다.
"살려 주세요."

그 때 지나가던 사람이 말했습니다.
"잠깐만 기다리세요. 담이 무너져 덮친 것을 오늘 치워도 되는지 점쟁이에게 물어 보고 오겠습니다."

시계와 기장

안개가 자욱한 날 기장이 비행기 안에서 말했습니다.
"시계가 나빠서 착륙이 불가능합니다."
승객이 소리를 질렀습니다.
"내 시계는 좋은데요?"
화가 난 승객이 소리를 질렀습니다.
"당신 기장 맞아?"
기장이 능청스럽게 대답하였습니다.
"내 양복 기장은 맞는데 당신 기장은 긴가 보지요?"

부채 좀 빌려 주세요

열대야로 고생하며 모든 시민이 한강가로 몰려들었습니다. 헐레벌떡 땀을 흘리며 와서 옆 자리에 앉던 여자가 말했습니다.
"부채 좀 빌려 주세요. 잠깐만······."
옆 사람이 말했습니다.
"나는 은행에 부채가 많아서 부채를 사지 못하였습니다."

🔊 산 중에 산

한국에 유명한 산들이 모여서 자기 자랑을 늘어놓았습니다.
백두산 : 나보다 더 높은 산 있으면 나와 봐!
한라산 : 나는 두 번째로 높지만 너에게는 사람들이 갈 수 없잖아?
내장산 : 높기만 하면 뭐해! 속이 있어야지.
묘향산 : 묘한 향기를 모르니?
가야산 : 가야금 소리 들어 보았어?"
태백산 : 이태백이 너희들에게 간 적이 있니?
지리산 : 지리가 밝아야 찾아오지?
금강산 : 나는 온통 금으로 도배한 산이야.
그 때 동산이 말했습니다.
"돈이 최고지?"
그러자 부동산이 말했습니다.
"까불지 마. 나는 한 평에 얼마인지 알아?"

🔊 탕탕탕 작전

한겨울이었습니다. 살인범이 경찰과 대치하고 있었습니다. 경찰들은 '탕탕탕 작전' 이라고 이름을 지었습니다.
긴급 작전회의를 하였습니다.
추어탕 : 춥다. 목욕탕으로 유인하자.
삼계탕 : 영계 작전으로 유혹하자.
도가니탕 : 이미 독 안에 든 쥐가 아니냐?

매운탕 : 우리가 한번 매운맛을 보여주어야 한다.
아구탕 : 아구를 날려 버리자.
갈비탕 : 갈비 몇 개만 부러뜨리면 된다.
알사탕 : 나이가 어리니까 사탕으로 유혹하자.

결국 알사탕 작전이 시작되었습니다. 그래서 범인은 사탕 봉지를 들고 잡혔습니다.

🌿 바꿔!

유달리 남의 물건이 좋아 보이면 바꾸기를 좋아하는 사람이 있었습니다. 자동차를 타고 가다가 자전거와 충돌하였습니다. 그는 승용차를 자전거와 바꾸었습니다.

자전거를 타고 가다가 롤러스케이트를 타고 가는 학생과 부딪칠 뻔하였습니다. 그는 롤러스케이트가 좋아 보여서 자전거와 바꾸었습니다.

그 때 엿장수가 지나갔습니다. 엿이 먹고 싶어서 롤러스케이트와 바꾸었습니다. 집에 돌아와서 아내에게 말했습니다. 아내가 말했습니다.

"에라, 엿 먹을 인간아! 왜 살아?"

그가 아내에게 말했습니다.

"잠잠해요. 옆집 할머니와 바꾸기 전에……."

🔊 결혼 후 변화

결혼 후 : 애처가.
5년 후 : 공처가.
10년 후 : 기처가.
15년 후 : 경처가.
20년 후 : 콘처가(콘크리트처럼 굳어 버린다).
30년 후 : 의처가(죽기 살기로 의지한다).
50년 후 : 후처가(후를 부탁한다).

🔊 불어!

음주 운전 후 귀가하다가 경찰에게 걸렸습니다. 경찰은 음주 측정기를 입에 대며 말했습니다.
"불어!"
그가 말했습니다.
"잘못한 것도 없는데 뭘 불어요?"
경찰이 화가 나서 말했습니다.
"부시라니까요?"
그가 말했습니다.
"장난감도 없는데 무엇을 부셔요?"
경찰이 소리를 질렀습니다.
"불어요."
그는 말했습니다.

"불어요? 삐에르 가르뎅 몽블랑."

🔊 동 이름

동들마다 특이한 유래가 있습니다.
총칼 들고 대드는 대치동.
삼각형이 거꾸로 선 역삼동.
동전들이 모인 일원동.
서로 싸우는 성내동.
길 잃은 아이들이 즐비한 미아동.
불장난 많이 하는 방화동.
오금을 펴지 못하는 오금동.
만주 이주민이 사는 봉천동.
봉우리를 가리고 사는 가리봉동.
공룡들이 살고 있는 공릉동.
제기차기 명수들이 사는 제기동.
기름이 많이 나오는 길음동.
새로운 정당인들이 많은 신당동.
얼굴 들고 다니기 힘든 면목동.

2부 가나다
웃음

2부 가나다 웃음

도둑놈 흉내 내기

두 노인이 살고 있는 집에 도둑이 들었습니다. 마루 밑에 숨어서 밤이 되기를 기다리고 있었습니다. 그런데 기침을 참지 못하여 그만 '에취' 하고 기침을 하고 말았습니다.
할머니가 할아버지에게 말했습니다.
"영감! 밖에서 이상한 소리가 나요."
할아버지는 잠들려고 하다가 귀찮아서 말했습니다.
"쥐새끼 소리겠지."
그 소리를 듣고 도둑은 쥐 소리를 냈습니다.
"찍찍찍……."
할아버지가 말했습니다.

"저 봐! 쥐새끼 소리지."

할머니가 말했습니다.

"쥐새끼 소리보다는 컸어요."

"그러면 고양이겠지."

도둑은 "야옹" 했습니다.

할아버지가 말했습니다.

"저 봐! 고양이지."

"고양이보다 큰소리 같았어요."

"그러면 개소리인가 보지."

도둑은 멍멍거렸습니다.

"개구먼……."

"개소리보다는 컸어요."

"그러면 송아지 소리인가?"

도둑은 또 "음매~ 음매~" 했습니다.

"송아지구먼."

"송아지 소리보다 컸어요."

"그러면 코끼리인가?"

도둑은 코끼리 소리를 낼 수가 없었습니다. 그래서 아무렇게나 소리를 냈습니다.

"끼륵끼륵……."

할머니가 말했습니다.

"저 소리 좀 들어 봐요. 코끼리가 저렇게 우나요? 도둑인가 봅시다. 같이 나가 봐요."

할머니가 할아버지를 데리고 밖으로 나왔습니다. 도둑은 항아리로 뛰어 들어가 숨었습니다. 그러나 얼굴은 밖으로 나와 있었습니다.
할머니가 어둠 속에서 도둑 얼굴을 보며 말했습니다.
"이게 뭐야? 바가지인가? 도깨비인가?"
도둑은 소리를 냈습니다.
"박박박박……."
할아버지가 말했습니다.
"바가지이구먼! 자 들어가요."
그리고 할머니를 데리고 집안으로 들어갔습니다.

꾀

두 친구가 멀리 두부 집 여인이 두부를 파는 것을 보고 있었습니다. 한 친구가 말했습니다.
"여보게. 저 여인이 자네 호주머니에 있는 돈을 꺼내어 무엇을 사게 하면 내가 한턱내지."
"그야 쉽지."
그리고 그 친구가 그 여인에게 갔습니다.
"두부 두 모 주세요."
그리고 두 손을 벌렸습니다. 각각 한 손 위에 두부를 올려놓았습니다. 그러고는 말했습니다.
"아! 참! 내가 돈을 꺼내는 것을 잊었군요. 내 오른쪽 주머니에 돈을 꺼내 가세요."
그 여인은 호주머니에 돈을 꺼냈습니다. 마침 그 때 배 장사가 지나갔습니다. 그가 말했습니다.

"아주머니, 수고하시는 김에 한 번 더 해주세요. 돈을 더 꺼내서 배 두 개만 사주세요."

그래서 한턱을 잘 얻어먹었습니다.

🍃 목숨을 살려 주었더니

마음이 착한 사람이 길을 걸어가고 있었습니다. 한 사람이 허기져서 쓰러져 있었습니다. 데리고 집으로 와서 약도 주고 치료하고 간호해 주었더니 살아났습니다. 그런데 그가 갑자기 칼을 목에 대고 죽으려고 하였습니다.

"여보게. 살아났는데 웬일인가?"

그가 말했습니다.

"주인님이 나를 살려 주셔서 감사합니다. 그런데 은혜를 갚아야 하는데 보시다시피 나는 돈이 하나도 없습니다. 가진 것이라고는 칼밖에 없습니다. 그래서 죽어서 저승에 가서 은혜를 갚으려고 합니다."

주인이 말했습니다.

"여보게. 그것이 은혜를 갚는 길이 아니라네. 자네가 우리 집에서 죽으면 장례 비용이 300만 원 들어. 나에게 또 손해를 입히는 것은 은혜를 갚는 것이 아니지."

나그네는 칼을 접어 두면서 말했습니다.

"그러면 주인님! 내가 죽으면 300만 원 들어가는데 200만 원은 나를 살려 주신 은혜의 보답으로 드릴 터이니 100만 원만 내놓으세요."

정신 수양

정신 수양에는 다리를 꼬고 정좌하고 앉아서 오랫동안 묵상하는 것이 최고라고 친구가 말했습니다. 그래서 친구 앞에서 그는 그런 자세로 앉았습니다. 조금 후 말했습니다.
"과연 효과가 있구먼."
친구가 물었습니다.
"무슨 효과?"
다리를 꼬고 앉아 있던 친구가 말했습니다.
"자네가 10년 전에 꾸어간 돈이 생각나는구먼."

투자

두 친구가 나란히 앉아 대화를 나누고 있습니다.
"우리 힘을 모아 술을 만들어 팔아 보면 어떨까?"
"투자는 어떻게 할까?"
"술을 만들려면 물과 곡식 두 가지면 되지. 내가 물을 충분히 준비할 테니까 자네가 곡식을 준비하게."
"그러면 나중에 술을 만들어 어떻게 나누지?"
"그야 간단하지. 나는 복잡한 것은 딱 질색이야. 내가 물을 투자하였으니 나오는 물은 내가 갖고, 자네가 곡식을 투자하였으니 술을 빼고 남은 곡식은 자네가 가지면 공평하지."

🌠 조그만 참으면

스님이 새우가 먹고 싶어서 팔팔 뛰는 새우를 뜨거운 물에 넣었습니다. 새우가 펄쩍펄쩍 뛰는 것이었습니다. 그리고 눈을 똑바로 뜨고 쳐다보는 것 같았습니다. 스님은 합장을 하고 근엄하게 말했습니다.

"관세음보살 나무아미타불. 조금만 참게. 빨개지면 아픔도 사라질 터이니……."

🌠 출세

출세해 보려고 동네 벼슬 있는 어른에게 늘 돈도 바치고 쌀도 바치던 이가 있었습니다. 그런데 그 고관은 차일피일 미루며 한자리도 주지 않았습니다.

그래도 쉬지 않고 아부하며 줄 것을 다 주었습니다. 그런데 고관이 병이 들어 죽어가고 있었습니다. 그는 숨을 몰아쉬고 있는 고관이 미웠습니다. 그래서 가슴을 힘껏 내리치며 말했습니다.

"벼슬 한자리 주지 않고 갈 바에 내 손에 죽어 봐라."

기력이 다한 고관은 말도 못하고 있었습니다. 그 때 아들이 들어왔습니다. 고관은 저놈을 보라는 뜻으로 손가락질을 하였습니다. 아들이 무슨 일이냐고 물었습니다. 그 사람이 대답하였습니다.

"아버지께서 저에게 벼슬 하나 주지 않고 가는 것이 아쉽다고 저러십니다."

그래서 아들은 아버지 마지막 소원을 들어 주어야겠다고 하면서 벼슬자리를 주었습니다. 그 사람이 중얼거렸습니다.

"십년 공든 탑을 쌓았도다. 세상에, 사람을 죽이고 벼슬을 얻을 수도 있구먼."

🔖 무식쟁이의 편지

글을 쓰지 못하는 무식쟁이가 쌀이 떨어져서 친구에게 편지를 썼습니다. 쌀 두 가마를 그려서 보냈습니다.

그런데 그 친구도 무식하여 글을 쓸 수가 없었습니다. 답장이 왔습니다. 방울 두 개가 그려져 있었습니다. 무슨 뜻이냐고 나중에 물었습니다. 그 친구가 대답하였습니다.

"우리 집에 양식이 달랑달랑하여서 못 꾸어 주겠다는 뜻이지."

🔖 구두쇠 영감

평생 돈을 모으느라고 조기 한 마리 사먹지 않은 부자가 있었습니다. 80이 되었습니다. 그러나 평생 생선 한 마리 먹어 본 적이 없습니다. 하인이 말했습니다.

"주인님! 이제는 마음대로 잡수셔도 죽을 때까지 다 못 잡수십니다."

그가 말했습니다.

"사람은 검소해야 돼."

하인이 말했습니다.

"영감님 아들은 돈을 물 쓰듯이 하는데요."

이 말을 들은 구두쇠 영감이 말했습니다.

조그만 참으면

스님이 새우가 먹고 싶어서 팔팔 뛰는 새우를 뜨거운 물에 넣었습니다. 새우가 펄쩍펄쩍 뛰는 것이었습니다. 그리고 눈을 똑바로 뜨고 쳐다보는 것 같았습니다. 스님은 합장을 하고 근엄하게 말했습니다.
"관세음보살 나무아미타불. 조금만 참게. 빨개지면 아픔도 사라질 터이니……."

출세

출세해 보려고 동네 벼슬 있는 어른에게 늘 돈도 바치고 쌀도 바치던 이가 있었습니다. 그런데 그 고관은 차일피일 미루며 한자리도 주지 않았습니다.
그래도 쉬지 않고 아부하며 줄 것을 다 주었습니다. 그런데 고관이 병이 들어 죽어가고 있었습니다. 그는 숨을 몰아쉬고 있는 고관이 미웠습니다. 그래서 가슴을 힘껏 내리치며 말했습니다.
"벼슬 한자리 주지 않고 갈 바에 내 손에 죽어 봐라."
기력이 다한 고관은 말도 못하고 있었습니다. 그 때 아들이 들어왔습니다. 고관은 저놈을 보라는 뜻으로 손가락질을 하였습니다. 아들이 무슨 일이냐고 물었습니다. 그 사람이 대답하였습니다.
"아버지께서 저에게 벼슬 하나 주지 않고 가는 것이 아쉽다고 저러십니다."
그래서 아들은 아버지 마지막 소원을 들어 주어야겠다고 하면서 벼슬자리를 주었습니다. 그 사람이 중얼거렸습니다.

"십년 공든 탑을 쌓았도다. 세상에, 사람을 죽이고 벼슬을 얻을 수도 있구먼."

🔖 무식쟁이의 편지

글을 쓰지 못하는 무식쟁이가 쌀이 떨어져서 친구에게 편지를 썼습니다. 쌀 두 가마를 그려서 보냈습니다.
그런데 그 친구도 무식하여 글을 쓸 수가 없었습니다. 답장이 왔습니다. 방울 두 개가 그려져 있었습니다. 무슨 뜻이냐고 나중에 물었습니다. 그 친구가 대답하였습니다.
"우리 집에 양식이 달랑달랑하여서 못 꾸어 주겠다는 뜻이지."

🔖 구두쇠 영감

평생 돈을 모으느라고 조기 한 마리 사먹지 않은 부자가 있었습니다. 80이 되었습니다. 그러나 평생 생선 한 마리 먹어 본 적이 없습니다. 하인이 말했습니다.
"주인님! 이제는 마음대로 잡수셔도 죽을 때까지 다 못 잡수십니다."
그가 말했습니다.
"사람은 검소해야 돼."
하인이 말했습니다.
"영감님 아들은 돈을 물 쓰듯이 하는데요."
이 말을 들은 구두쇠 영감이 말했습니다.

"그래? 화가 난다. 어서 두부 한 토막 먹어 보게 두부 좀 가지고 와라."

🔊 불쌍한 우리 엄마

사업을 하다가 부도난 집이 있었습니다. 가난하다 보니 수년 동안 좁은 방 하나에서 세 식구가 살았습니다. 고역이었습니다. 그러나 사업이 잘되어서 방 세 개짜리 집을 구입하였습니다.

누나, 그리고 자기, 아빠 엄마, 이렇게 한 방씩 차지하였습니다.

이사 후 얼마가 지났습니다. 아들이 얼굴이 침울해 있었습니다. 어머니가 물었습니다.

"너 얼굴색이 왜 그러냐?"

아들이 말했습니다.

"엄마가 불쌍해요."

"왜?"

아들이 말했습니다.

"집이 넓어져서 누나도 나도 방이 생겼어요. 그런데 엄마는 우리 방들까지 다 청소하면서 방이 없어서 아빠와 같이 지내는 거잖아요."

🔊 시부모님에 대한 사랑 장

1 너희가 시부모에게 애교 있는 말로 안부 전화를 할지라도 사랑이 없으면 울리는 꽹과리가 될 것이며

2 너희가 세상 지식과 지혜로 교회의 집사가 됐을지라도 시부모에 대한 사랑이 없으면 아무것도 안 될 것이며

3 너희가 네게 있는 재물로 시부모에게 용돈을 드려도 그 속에 사랑이 없으면 아무 유익이 없느니라

4 사랑은 시부모가 무리한 요구를 할지라도 참고

5 시부모가 심한 말을 할지라도 온유하며

6 남편이 시어머니 앞에서 재롱을 부려도 투기하지 말 것이며

7 시부모 앞에서 교만하지 않으며

8 시부모에게 무례히 행치 아니하며

9 화가 목구멍까지 치밀어 올라올지라도 참으며

10 가사가 힘겨울지라도 끝까지 견디는 것이니라

11 시부모의 지난날의 공로를 인정해 드리고 존경을 할 것이며

12 시집간 동기간과도 늘 화목하게 지내야 하며

13 사치와 낭비를 하지 말 것이며

14 식단을 짤 때에도 시부모의 식성을 고려하여 작성하도록 힘쓸 것이며

15 시부모에게 필요한 물품을 구입할 때에는 당사자의 의견을 참작하여 구입하도록 해야 하느니라

16 외출을 할 때에는 필히 행선지를 밝히고 나가도록 유의할 것이며

17 자기 잘못이 있을 때에는 솔직히 인정하는 마음을 가져야 하며

18 밖에 나가서 시댁의 흉을 보지 말 것이며

19 노부모에게 용돈을 드릴 때에도 기쁜 마음으로 드리도록 할 것이며

20 항상 세대 차이를 좁히도록 노력하고 시부모의 인격을 존중해야 하느니라.

🎴 은행 계좌

어느 날 강도가 할머니를 납치하였습니다. 인질로 잡아놓고 아들 집에 전화를 하였습니다. 며느리가 전화를 받았습니다.
"너의 시어머니를 내가 데리고 있다. 1천만 원을 가져오면 풀어주마."
며느리가 말했습니다.
"어림없는 소리 마라. 마침 잘됐다. 골치 아픈데 네 마음대로 해라."
인질범이 말했습니다.
"좋다. 그러면 너의 시어머니를 너희 집에 도로 데려다 놓겠다."
이 때 당황한 며느리가 황급한 목소리로 말했습니다.
"여보세요. 강도님, 은행 계좌 번호가 어떻게 되죠?"

🎴 불 끄고 글씨 쓸 수 있어?

초등학교 다니는 아들이 아버지에게 물었습니다.
"아빠! 불 끄고 글씨 쓸 수 있어?"
"그래."
아들이 말했습니다.
"그러면 불 끄고 성적표에 사인해 주세요."

🔖 10년 전에 없던 것

초등학교 1학년 학생이 선생님에게 물었습니다.
"선생님! 10년 전에 없었는데 지금 생긴 것이 무엇인지 아세요?"
"모르겠는데……."
학생이 말했습니다.
"나예요."

🔖 지각한 이유

학생이 지각하면서 교실에 들어섰습니다. 선생님이 물었습니다.
"너 왜 지각했니?"
"빨리 오는데 표지판에 '학교 앞, 천천히'라고 되어 있어서 늦었어요."

🔖 자기가 하지 않은 일

학생이 선생님에게 물었습니다.
"선생님! 자기가 하지 않은 일에도 책임을 져야 하나요?"
"그럴 수는 없지."
학생이 말했습니다.
"저 숙제 안 했는데 책임 없지요?"

🔦 '훔치다'의 미래형

초등학생이 선생님에게 물었습니다.
" '훔치다' 의 과거형이 무엇인가요?"
"훔쳤다."
"그러면 미래형은요?"
"훔칠 것이다."
학생이 말했습니다.
"아니에요. 교도소예요."

🔦 6 · 25 표어

숙제가 있었습니다. 6 · 25에 대한 표어를 지어 오는 것이었습니다.
"무찌르자. 공산당."
"간첩 신고 114."
"경계하자. 붉은 세력."
그런데 한 아이의 표어가 눈에 들어왔습니다.
"6 · 25는 무효다. 다시 붙어 보자."

🔦 성적 올리는 방법

성적이 오르지 않아 고민하는 학생은 다음 장소에서 아르바이트를 하면 됩니다.

채소 가게 - 쑥쑥 오른다.
점쟁이 집 - 점점 오른다.
한의원 - 한 방에 오른다.
성형외과 - 몰라보게 오른다.
구두 수선집 - 반짝 오른다.
자동차 대리점 - 차차 오른다.
총알택시 운전수 - 더블로 오른다.

🔖 좋은 소식

성적표를 들고 아들이 말했습니다.
"아빠! 좋은 소식이 있어요."
아버지가 좋아서 물었습니다.
"성적이 올랐니?"
"아니오. 성적 오르면 10만 원 주시기로 하셨지요?"
"그래."
"아빠 쓰세요."

🔖 시어머니 마음

남편에게 아내가 물었습니다.
"당신은 누가 제일 좋아?"
"그야 당신이지."
"두 번째는?"

"아들이지."
"세 번째는?"
"장모님."
"네 번째는?"
"강아지."
"다섯 번째는?"
"어머니."
우연히 문밖에서 어머니가 이 소리를 들었습니다. 어머니가 말했습니다.
"1번 보아라. 5번 노인정에 간다."

🌿 가족사진

아빠와 엄마가 나란히 찍은 사진을 보던 아들이 물었습니다.
"엄마! 나는 어디에 있어?"
엄마가 말했습니다.
"사진 찍을 때 너는 엄마 뱃속에 있었지."
아들이 또 물었습니다.
"엄마는 왜 나를 먹었어?"

🌿 찰떡궁합

이름은 "철"이고 성은 "전" 씨 총각이 있었습니다.
선을 보게 되었습니다. 상대방에게 말했습니다.

"제 이름은 전철입니다."
그런데 그 여자 성은 "이", 그리고 이름은 "호선"이었습니다.
"제 이름은 이호선입니다."

이름은 "신중"이고, 성은 "임" 씨 총각이 있었습니다.
선을 보게 되었습니다. 상대방에게 말했습니다.
"제 이름은 임신중입니다."
그런데 그 여자 성은 "오", 그리고 이름은 "개월"이었습니다.
"제 이름은 오개월입니다."

부모님 임종

온 가족들이 아버지의 마지막 모습을 보고 있었습니다. 아버지는 무슨 말인가 하고 싶어 하셨습니다. 그러나 힘이 없어서 입술만 움직였습니다.
아버지의 그런 모습이 너무 안타까웠습니다. 그 때 형이 동생에게 말했습니다.
"마지막으로 우황청심환을 드시면 힘이 나셔서 말씀을 하실 것 같다. 빨리 가서 한 알 사와라."
동생은 급히 약국으로 달려 나갔습니다. 그러나 한참을 기다려도 오지 않았습니다. 형은 답답함을 이기지 못하고 중얼거렸습니다.
"이놈이 죽었나, 살았나?"

🎗 한 놈 더 있어요

어느 40대 아저씨가 지하철을 탔습니다. 그런데 전철이 3분이 지나도, 5분이 지나도 문을 닫지 않았습니다. 이상하게 생각한 이 남자는 '밖에 무슨 일이 있나' 하고 문밖으로 목을 내밀었습니다. 그 순간 지하철 문이 닫혀 버렸습니다. 그래서 목이 문 사이에 끼고 말았습니다.

그런데도 이 남자는 목이 낀 채로 계속 웃고 있었습니다. 아주 신나게 웃고 있었습니다. 옆에 있던 사람이 이상하여 물었습니다.

"목이 끼이고도 무엇이 기뻐서 그렇게 웃고 있나요?"

그가 말했습니다.

"나 말고 한 놈 더 끼어 있어."

🎗 부부 싸움 누가 이기나?

남자하고 여자하고 싸우면 누가 이길까요? 말할 것도 없이 여자가 이깁니다. 그 이유가 있습니다.

남자는 흙으로 만들고, 여자는 뼈로 만들었기 때문입니다.

그래서 남자는 목욕탕에 가서 빨리 나오지만, 여자는 오래 머물러 있습니다.

남자는 흙으로 만들어 금방 풀이 죽어 지쳐서 나옵니다. 그러나 여자는 뼈로 만들었기에 오래오래 머물러 있을 수 있습니다

그러나 이런 평가도 있습니다.

여자는 남자의 갈비뼈로 만들었습니다. 그래서 결국 여자의 값어치는 기껏해야 남자의 갈비뼈 하나에 해당할 뿐입니다.

그러나 여자의 주장도 있습니다.
남자는 흙으로 만들어진 값싼 토기에 불과하지만, 여자는 뼈를 재료로 만든 값비싼 물질입니다.

🎬 아내를 열렬히 사랑해 준 이유

사이가 좋지 않던 집사 부부가 있었습니다. 어느 날 예배에 아내는 몸이 아파 참석하지 못하고 남편만 다녀왔습니다.
남편이 혼자 교회에 갔다 오더니 그동안 안 하던 행동을 하였습니다. 늦도록 설거지도 하고 청소도 하였습니다. 그리고 아내를 열렬히 사랑해 주었습니다.
오랜만에 기분이 흡족해진 부인은 대견한 눈초리로 남편을 보면서 물었습니다.
"당신 오늘 웬일이유?"
남편이 말없이 웃기만 하였습니다. 틀림없이 목사님의 설교에 영향을 받았으리라 짐작한 아내는 비싼 과일 바구니를 사 들고 목사님을 찾아갔습니다.
"목사님, 고마워요. 그리고 지난번 설교 참 좋았다죠. '아내를 네 몸과 같이 사랑하라'는 설교였는가요?"
그러자 목사님은 고개를 설레설레 흔들면서 대답했습니다.
"아닌데요. '원수를 사랑하라'는 설교였는데요."

🌸 매년 5월 21일은 부부의 날

가정의 달은 5월입니다. 그리고 21일이 부부의 날인 이유는 둘(2)이 하나(1) 된다는 의미입니다.

일단 결혼한 부부는 싫든 좋든 다음과 같은 일곱 고개를 넘어야 합니다.

첫째 고개(환상의 고개) :

신혼부터 3년쯤은 갖가지 어려움을 비몽사몽간에 웃고 울며 넘깁니다. 환상의 고개입니다. 눈물의 고개이기도 합니다.

둘째 고개(타협의 고개) :

결혼 후 3-7년 동안에는 서로에게 드러난 단점들을 타협하는 마음으로 위험한 권태기를 넘는 진땀 고개입니다.

셋째 고개(투쟁의 고개) :

결혼 후 7-10년을 사는 동안은 상대방을 알고 난 다음, 피차가 자신과 투쟁하며 상대를 포용하는 현기증 나는 비몽 고개입니다.

넷째 고개(결단의 고개) :

결혼 후 10-15년이 지나면서 상대방의 장단점을 현실로 인정하고 보조를 맞춰 가는, 돌고 도는 헛바퀴 고개입니다.

다섯째 고개(따로 고개) :

결혼 후 15-20년 후에 생기는 병으로, 함께 살면서 정신적으로는 별거나 이혼한 것처럼 따로따로 자기 삶을 체념하며 넘는 아리랑 고개입니다.

여섯째 고개(통일 고개) :
있었던 모든 것을 서로 덮고 새로운 헌신과 책임을 가지고 상대방을 위해 남은 생을 바치며 사는 내리막 고개입니다.

일곱째 고개(자유의 고개) :
결혼 후 20년이 지난 후에 나타나는 완숙의 단계로 노력하지 않아도 눈치로 이해하며 행복을 나누는 천당 고개입니다.

부부 싸움

어느 병원 앞에 있는 게시판에는 이렇게 적혀 있었습니다.
"전갈에 물렸던 분이 여기서 치료를 받았습니다. 그분은 하루 만에 나아서 퇴원하였습니다."
또 다른 게시판이 있었습니다.
"어떤 분이 뱀에 물렸습니다. 그분은 치료를 받고 3일 만에 건강한 몸으로 퇴원했습니다."
세 번째 게시판에는 이렇게 쓰여 있었습니다.
"어떤 사람이 미친개에게 물려 현재 10일 동안 치료를 받고 있는데 곧 나아서 퇴원할 것입니다."
그리고 마지막 네 번째 게시판도 있었습니다.

"어떤 분이 인간에게 물렸습니다. 그 후 여러 주일이 지났지만 그 분은 무의식 상태에 있으며, 회복할 가망도 별로 없습니다."

전생

한 남자가 자신의 전생을 알고 싶어 최면술사를 찾아갔습니다.
최면술사가 물었습니다.
"자, 지금 무엇이 보이나요?"
그 남자가 대답하였습니다.
"지금 여러 사람이 보입니다."
"그들이 뭘 하고 있나요?"
"네, 모두 저에게 절을 합니다. 그리고 예쁜 여자가 제 앞에서 춤을 춥니다."
"됐습니다. 눈을 뜨세요. 하나, 둘, 셋!"
"선생님! 제가 전생에 왕이었나 봅니다!"
최면술사가 말했습니다.
"당신은 왕이 아니라 돼지머리였습니다."

건망증

할아버지와 할머니가 나란히 앉아서 TV를 보고 있었습니다. 할머니가 일어났습니다. 할아버지가 말했습니다.
"여보! 화장실 가는 거요? 오는 길에 냉장고에서 아이스크림 좀 갖다 주구려."
"알았어요."

"잊어 버릴지 모르니 종이에 적어 가세요."

"그 정도로 늙지 않았어요."

할머니는 돌아올 때 삶은 계란을 하나 들고 왔습니다. 할아버지가 말했습니다.

"소금은 왜 안 가지고 왔소?"

믿음의 기도

어떤 신학생이 기도원에 가서 열심히 기도하였습니다. 성령의 충만함을 느꼈습니다. 그런데 그는 자기 믿음이 얼마나 충만한가를 시험하고 싶었습니다. 예수님의 말씀이 생각났습니다.

"너희 중에 누구든지 겨자씨만한 믿음이라도 있으면 이 산더러 들리어 저 바다에 빠지라고 하면 그대로 되리라."

그래서 그는 기도하고 있는 삼각산을 향해서 명령했습니다.

"삼각산아! 예수의 이름으로 명하노니 들려서 서해 바다에 빠지거라."

그런데 아무리 외쳐도 아무런 반응이 일어나지 않았습니다.

그래서 그는 주님께 물었습니다.

"어찌하여 말씀대로 안 이루어집니까?"

이 때 주님의 음성이 들려왔습니다.

"삼각산을 서해 바다에 빠뜨려서 뭣 하려고?"

🐾 개 시리즈(1)

가난한 집 아버지가 세상을 떠나면서 아들에게 말했습니다.
"아들아! 개고기 한번 먹고 죽고 싶다."
가난하여 굶고 있는 아들이 말했습니다.
"아버지! 개소리 하지 마십시오."

🐾 개 시리즈(2)

개를 좋아하는 아들이 있었습니다. 아버지가 강아지를 사들고 왔습니다. "강아지"로 삼행시를 아버지가 지었습니다.
강 : 강아지 사왔다.
아 : 아버지! 감사합니다.
지 : 지금 삶아라.

🐾 노아의 홍수

오래전 이야기입니다.
농촌 어느 교회에 기도를 하였다 하면 길게 하는 장로님이 계셨습니다. 그 날도 창세기부터 기도하여 내려오기 시작하였습니다. 요한계시록 예수님의 재림까지 기도하였습니다. 그리고 눈을 떠보니 교인들이 다 가고 목사님 한 분만 남아 있었습니다. 장로님이 물었습니다.
"목사님! 교인들이 다 어디로 갔나요?"

목사님이 말했습니다.

"노아의 홍수 때 다 떠내려갔어요."

바보의 면접시험

바보가 시험을 치르는데 몇 년 계속 낙방하였습니다. 시험관이 이제는 붙여 주기로 하고 답을 가르쳐 주고 답에 맞추어 질문을 하였습니다.

그래서 시험관과 연습을 하였습니다.

"가장 좋아하는 사람은?"

"예, 전에는 이순신이었는데 지금은 최영 장군입니다."

"컴퓨터 혁명이 일어난 때를 아나요?"

"2005년도입니다."

"마지막으로 UFO에 대하여 아는 대로 말해 보세요."

"과학적으로 증명되지 않았지만 아마 그럴 것입니다."

그런데 공교롭게도 시험관이 바뀌고 말았습니다.

"당신 이름이 뭐요?"

"예. 전에는 이순신이었는데 지금은 최영 장군입니다."

"생년월일은?"

"2005년도입니다."

"당신 바보요?

"과학적으로 증명되지 않았지만 아마 그럴 것입니다."

🎙 금시초문

왕비병이 심각한 어머니가 음식을 해놓고 아들과 함께 식탁에 앉았습니다. 어머니가 아들에게 물었습니다.

"사랑하는 아들아, 엄마는 얼굴도 예쁜데 요리도 잘하지? 이런 것을 사자성어로 하면 무엇이라고 하는지 아니?"

어머니가 기대한 대답은 '금상첨화' 였습니다.

그러나 무정한 아들은 당당하게 말했습니다.

"자화자찬."

당황한 어머니가 다시 물었습니다.

"아니, 그거 말고 다른 것을 말해 봐!"

아들은 다시 대답하였습니다.

"과대망상."

어머니는 화가 나는 것을 꾹 참고 다시 물었습니다.

"아니 '금' 자로 시작하는 말인데……."

그러나 아들은 말했습니다.

"금시초문."

🎙 참새 시리즈 유머

1.

포수가 있었습니다. 그 포수는 전깃줄에 앉아 있는 참새를 쏘려 하였습니다. 참새가 말했습니다.

"하하하. 네가 나를 맞추면 내 다리에 장을 지지겠다!"

포수는 화가 치밀었습니다. 포수는 화를 참으며 한 방에 쏘아 맞추었습니다. 포수는 이 참새가 왜 이렇게 용감했는지 궁금하였습니다. 그래서 참새의 배를 갈라 확인해 보았습니다.

그 참새의 간이 부어 있었습니다.

2.

참새가 멀리 서 있는 포수를 뚫어져라 보고 있었습니다. 그 순간 총알이 날아와서 참새를 맞혀 떨어뜨렸습니다. 떨어져 죽으면서 참새가 말했습니다.

"나는 포수가 윙크하는 줄 알았는데……."

3.

참새 둘이 전깃줄에 나란히 앉아 있었습니다. 포수가 그중 한 마리를 맞혀 떨어뜨렸습니다.

총에 맞은 참새가 추락하며 말했습니다.

"나 잊지 말고 바람 피면 안 돼……."

남편 참새가 말했습니다.

"웃기지 마! 네가 세컨드야!"

4.

두 마리 참새가 전깃줄에 나란히 앉아 있었습니다. 포수가 그중 한 마리를 맞혀 떨어뜨렸습니다. 총알에 맞은 참새가 추락하며 말했습니다.

"왜 나만 쏴요? 쟤도 쏴요!"

그러자 총에 맞지 않은 그 옆의 참새가 말했습니다.
"쟤 아직 안 죽었대요, 한 방 더 쏴요!"

5.
참새들이 전깃줄에 나란히 앉아 있었습니다. 그런데 맨 앞에 앉아 있는 참새는 이상하게 맞지 않았습니다.
총에 맞은 참새들이 추락하며 말했습니다.
"저 참새가 우리를 단체 미팅시킨다고 꼬셔 놓고 자기는 안 맞았다."
떼죽음에도 아랑곳하지 않고 살아남은 맨 앞에 앉은 참새가 포수에게 말했습니다.
"또 참새 떨거지들 꼬셔 올게요……. 난 쏘지 마세요."

6.
참새들이 계속 당할 수는 없다며 모두 방탄조끼를 하나씩 장만했습니다. 포수가 몇 방을 쏘았지만 모두 무사하였습니다. 방탄조끼 덕분이었습니다.
참새들이 신이 나서 어깨동무를 하고 단체 응원을 했습니다.
"야야~ 야야야야~ 야야야야 야야야야~~."
그 순간 포수가 기관총을 갖고 와서 드르르륵 갈겨 대었습니다.
그러나 모두 무사하였는데 한 마리가 죽었습니다. 이유를 알아보았습니다.
모두들 어깨동무하고 "야야~~ 야야야~~" 하고 있는데 혼자서 튀는 참새가 조끼를 열었다 젖혔다 하면서 노래를 하였습니다.

"꽃바구니 옆에 끼고 나물 캐는 아가씨야~~."
그러다가 죽었습니다.

7.

참새 한 마리가 전깃줄에 앉아 있는데 포수가 총을 쏘았습니다. 장례를 치르는데 100마리가 죽었다는 것이었습니다. 알고 보니 죽은 참새 이름이 백마리였습니다.

8.

전깃줄에 참새가 100마리 앉아 있었습니다. 총알을 한 방씩 쏘아서 몽땅 잡으려고 포수가 조준 사격을 하였습니다. 그런데 다 피하고 100번째 참새만 죽었습니다.

이유가 있었습니다.

첫 번째 참새가 총알을 보고 "앗 총알이다" 하며 피했습니다.

두 번째 참새도 총알을 보고 "앗 총알이다" 하며 피했습니다.

다 그랬습니다. 그런데 99번째 참새는 혀가 짧았습니다. 그래서 이렇게 말했습니다.

"앗! 콩알이다."

그리고 자기도 피했습니다.

100번째 참새는 콩알이 날아오는 줄 알고 피하지 않아서 죽었습니다.

9.

참새가 날아가다가 포수 머리 위에 똥을 쌌습니다. 화가 난 포수가 참새를 보고 소리를 질렀습니다.

"야! 넌 팬티도 안 입냐?"

참새가 말했습니다.

"넌 팬티 입고 똥 누냐?"

10.

부부 참새가 전깃줄에 나란히 앉아 있었습니다. 포수가 그중 한 마리를 맞혀 떨어뜨렸습니다. 총알에 맞은 참새가 추락하며 말했습니다.

"윽! 여보, 내 몫까지 살아주오."

아들과 개

차 한 대가 길에서 큰 사고를 내고 뒤집혀 있었습니다. 마침 이곳을 지나던 한 젊은 신문 기자가 사고 장소로 뛰어왔습니다. 특종감이 있을지 모른다는 생각이 들었습니다. 기자는 사진을 찍으려고 하였습니다. 사람이 너무 많아서 도저히 가까이 갈 수가 없었습니다. 기자는 꾀를 내어 소리를 질렀습니다.

"비켜 주세요! 난 피해자의 아들이란 말이에요! 비켜 주세요!"

사람들이 깜짝 놀라 그에게 길을 내주었습니다. 기자는 그 덕분에 차 앞쪽까지 다가갈 수 있었습니다.

그러나 사고를 직접 목격한 기자는 할 말을 잃을 수밖에 없었습니다. 차 문 옆에는 똥개 한 마리가 죽어 있었습니다.

🔹 돈돈돈–머니

돈을 영어로 '머니'(money)라고 합니다.
도둑이 훔쳐간 돈은 '슬그 머니' 입니다.
계란 살 때 지불한 돈은 '에그 머니' 입니다.
생각만 해도 찡한 돈은 '어 머니' 입니다.
아이들이 좋아하는 돈은 '할 머니' 입니다.
아저씨들이 좋아하는 돈은 '아주 머니' 입니다.
며느리들이 싫어하는 돈은 '시어 머니' 입니다.

🔹 선악과를 따먹은 벌

교회학교 교사가 아이들에게 아담과 하와가 선악과를 따먹은 이야기를 진지하게 가르쳐 주었습니다. 그리고 교사는 아이들에게 물었습니다.
"아담과 하와는 무슨 죄를 지었지요?"
아이들은 한목소리로 대답하였습니다.
"선악과를 따먹었어요."
신이 난 교사는 다른 질문을 했습니다.
"그러면 아담이 에덴동산에서 죄를 짓고 하나님께 어떤 벌을 받았지요?"
한 아이가 벌떡 일어서서 대답했습니다.
"선생님. 그것도 모르세요? 하와와 결혼했지요."
선생님이 다시 물었습니다.

"결혼한 것이 무슨 벌이 되느냐?"
그 아이가 대답하였습니다.
"아버지는 엄마한테 매일 바가지를 긁히잖아요."

하나님 없소

한 남자가 이른 아침부터 술에 잔뜩 취한 채 비틀거리면서 교회로 들어왔습니다. 그는 교회의 문을 요란스럽게 흔들어대며 들어가려고 하였습니다. 이 광경을 멀리서 보고 있던 사찰 집사가 뛰어와서 물었습니다.
"아니, 이 양반이 이 아침에 이 모양으로 누구를 만나려고 그래요?"
그가 술 취한 목소리로 대답하였습니다.
"나 말이요, 하나님이란 분을 만나러 왔소."
이 사내는 다시 교회 문을 흔들며 들어가려고 하였습니다.
사찰 집사는 급하게 막으며 말했습니다.
"우리 교회에 그런 분은 없소!"

직업

친구들이 모여서 이야기를 나누고 있었습니다.
"우리 아빠는 유명한 과학자다!"
"우리 아빠는 큰 무역회사의 사장이야."
"우리 아빠도 유명한 교수인데."

그런데 한 아이가 말했습니다.
"그래? 우리 아빠는 청와대에 있는 모든 사람을 벌벌 떨게 만들어!"
아이들이 이상하여 물었습니다.
"우리 아버지는 추운 겨울에 청와대 보일러 만지는 사람이야."

🔊 원수 사랑

목사님이 예수님의 재림에 대한 설교를 하였습니다.
"주님께서 마지막 때 도적같이 오신다고 하셨습니다. 열 처녀 중에 지혜로운 다섯 처녀는 기름을 준비하였습니다. 그래서 신랑 되는 예수님을 맞을 수 있었습니다. 지금은 마지막 때입니다. 언제 주님이 오실지 모르니 깨어 있어야 합니다. 기름도 준비해야 합니다."
설교를 마치고 집으로 가고 있었습니다. 집사님 한 분이 헐레벌떡 목사님에게 와서 말했습니다.
"목사님. 예수님이 이번 달에는 안 오셨으면 좋겠어요."
목사님이 이상하여 물었습니다.
"집사님, 왜 그러세요?"
집사가 말했습니다.
"저……, 목사님. 다음 달에 제가 곗돈을 타거든요."

🔊 범사에 감사

시골 교회에서 일하고 있는 어떤 목사님은 뙤약볕 아래에서 배추밭을 매고 있었습니다. 가을 햇볕은 뜨겁고 잡초는 끝도 없이 많았습니다.
그 때 악마가 나타나 말했습니다.
"목사여, 이래도 범사에 감사할 수 있는가?"
목사님은 악마의 유혹을 이겨내려고 한참을 궁리하다가 이렇게 말했습니다.
"하나님! 감사합니다. 이 많은 잡초가 메뚜기처럼 이리저리 뛰어다니지 않고 있으니 감사합니다."
악마는 슬그머니 사라져버렸습니다.

부부 싸움

부부 싸움을 하고 얼굴이 시퍼렇게 멍이 들어 있는 여자가 변호사와 상담을 하고 있었습니다.
"부부 싸움이 심하셨군요."
변호사가 물었습니다.
여자가 대답하였습니다.
"보통 저를 구타한 것이 아니었습니다. 얼굴을 보시면 그 날 상황을 짐작하실 것입니다. 저는 도저히 같이 살 수 없습니다."
"그 때 당신은 가만히 있었나요?"
여자가 말했습니다.
"그렇게 때릴 바에는 차라리 죽이라고 그랬지요."
변호사가 말했습니다.
"그러면 당신 남편은 참 착한 사람이군요."
여자는 어이가 없어서 물었습니다.

"약 올리시는 것입니까?"

변호사가 말했습니다.

"죽이라고 하였는데 때리기만 했으니 얼마나 다행입니까?"

🔹 하나님 것 떼어 놓고

직장을 명퇴한 후 서울 이태원에서 가게를 차린 40대 남자가 있었습니다. 그는 진실하게 하나님께 이렇게 기도하였습니다.

장사를 시작한 지 한 달이 지났습니다. 그러나 손님이 없었습니다. 그는 하나님께 이렇게 기도를 드렸습니다.

"하나님! 하루에 80만 원 벌게 해주시면 40만 원은 하나님께 바치겠나이다."

이상한 일이 생겼습니다. 안 되던 장사가 다음날 잘되어 40만 원을 벌게 되었습니다. 그는 하나님께 이렇게 투정하였습니다.

"하나님, 정말 대단하십니다. 먼저 하나님의 것은 떼어 놓고 제 것을 주시니 정말 감사합니다. 할렐루야!"

🔹 아내의 출산

출산을 앞둔 아내가 배가 아파 산부인과에 갔습니다. 아기가 빨리 나오기를 기다리는 남편이 진료실을 걸어 나오는 의사에게 물었습니다.

"아들입니까? 딸입니까?"

의사가 대답했습니다.

"배탈입니다."

경상도 조폭

두목이 말했습니다.

"애들아! 이번 여름에 바닷가에 가서 극기 훈련을 할라꼬 카는데? 장비가 뭐뭐 필요한지 말해 봐라!"

똘마니가 말했습니다.

"형님. 예, 구명 보트도 필요한 것 같은 데예."

두목이 다시 물었습니다.

"그래. 생명은 소중한 것이지. 그런데 우리 인원이 전부 타려면 구명 보트 몇 개가 필요하노?"

"형님. 예, 우리 인원이 다 타려면 5개가 필요한 것 같네예."

"이놈아! 우리 식구들 인원이 45명인데 5개 가지고 되것냐?"

"아따. 행님, 구명 보트가 왜 구명 보트인지 모르시지예? 탑승 인원이 총 9명 탈 수 있다고 구명 보트라 안 카능교."

"이 돌대가리 새끼야. 그러면 구명 조끼는 조끼 한 개에 9명이 입는다고 구명 조끼냐? 그리고 구명 대원은 행동 대원이 9명이라고 구명 대원이냐?"

서울 조폭

두목이 말했습니다.

"애들아! 이번에 홍콩에서 사업상 중요한 손님이 오시기로 했는데 영어가 쪼까 되는 아그들 없냐?"

모두가 조용하였습니다.

두목이 한 명을 지적하며 물었습니다.

"갈치! 너 영어 좀 하냐?"

"형님. 죄송합니다. 저는 초등학교밖에 나오지 않아서……."

"가물치, 너는?"

"형님. 저는 중학교 때 사고 쳐서 잘렸는데여."

"어휴. 저런 생선대가리들 하곤……. 여기 고등 교육 좀 받았던 아그들 없냐?"

"형님. 여기 있습니다."

"엉? 고등어. 네가 고등 교육까지 수료했냐?"

"어따. 형님. 고등학교까지 나왔으니 별명이 고등어 아니오? 우리 식구 중 제가 제일 인테리어(인텔리)요."

"오호. 짜슥. 허풍 떨기는……."

"형님. 그런 말 하면 제가 쪼까 섭하지라. 의심 나시면 뭐든지 물어보소."

"좋다. 내가 제일 좋아하는 간식이 뭔 줄 아냐?"

"형님이 제일 좋아하는 간식은 누룽지 아니오?"

"그래. 맞다. 그러면 누룽지를 영어로 뭐라고 하냐?"

"오메. 징한 거. 처음부터 그렇게 쉬운 영어를 내면 좀 섭하지라."

"짜슥이. 잔말 말고 대답해 보그라."

"누룽지는 영어로 말하면 'Bobby Brown' (밥이 브라운) 아닙니까? 밥이 눌어 갈색이 되니까."

모두가 웃으며 말했습니다.

"저 짜슥. 우리 모두를 웃기네."

"그러면 PR이라는 것은 뭘 뜻하는지 아냐?"

"형님. 저를 뭘로 보시고……. PR이라는것은 '피할 것은 피하고 알릴 것은 알리자', 이런 뜻인지라."

"아. 이런 유식한 넘이 내 부하라니 난 복이 많은겨. 그러면 대가리를 영어로 뭐라고 하냐?"

"Head."

"그러면 선은?"

"Line."

"그럼 머리 가르마는?"

"Headline이라고 하지라잉."

모두는 일어나서 기립박수를 쳤습니다. 두목이 말했습니다.

"저런 유식한 놈이 판검사 안 되고 왜 조폭이 되었지?"

🎗 가나다 웃음

가 : 가자마자 웃고(어디서든 가자마자 웃자고요. 기분 좋음이 전염되어요.)

나 : 나부터 웃고(내가 먼저 웃으면 남도 웃고 세상도 웃어요.)

다 : 다함께 웃고(다 함께 웃으면 복이 33배 밀려와요.)

라 : 라일락 향기처럼 웃고(가장 좋은 향기는 웃음 향기예요.)

마 : 마음까지 웃고(웃으면 몸과 마음이 즐겁고 여유가 생겨요.)

바 : 바라보며 웃고(사람을 바라보며 꿈을 바라보며 웃어요.)

사 : 사랑하며 웃고(웃음은 최고의 사랑의 표현이에요.)

아 : 아이처럼 웃고(어린아이처럼 하루에 400번 웃어보세요.)

자 : 자신 있게 웃고(웃으면 자신감이 팡팡 생겨요.)
차 : 차를 타도 웃고(하루가 뻥 뚫려요.)
카 : 카리스마 넘치게 웃고(웃음은 리더의 자질이에요.)
타 : 타잔처럼 크게 웃고(크게 15초 웃으면 이틀 더 오래 살아요.)
파 : 파도처럼 시원하게 웃고(웃음은 스트레스를 날려 버려요.)
하 : 하하, 그냥 웃자고요(하늘만큼 땅만큼 행복해져요.)

명쾌한 답변

학교에서 글짓기 숙제가 있었습니다. 주제는 "우리 어머니"였습니다. 제출한 과제물을 검토하던 선생님께서 한 학생의 글을 보시고 물었습니다.

"너는 2년 전 네 언니가 지은 글하고 똑같은데, 베낀 것이지?"

그러자 그 학생이 말했습니다.

"선생님! 그야 당연하죠. 우리 언니 어머니랑 제 어머니가 똑같잖아요."

링컨의 외투

링컨이 젊었을 때였습니다. 급하게 시내에 나갈 일이 생겼습니다. 그러나 말과 마차가 없었습니다.

마침 시내를 향해 마차를 몰고 가는 노 신사를 발견하였습니다. 그는 마차를 세우고 말했습니다.

"죄송하지만 제 외투를 시내까지 갖다 주실 수 있겠습니까?"

노 신사가 말했습니다.

"그거야 어렵지 않지만 시내에서 옷을 받는 사람을 어떻게 만날 수 있죠?"

링컨이 말했습니다.

"걱정하시지 않아도 됩니다. 외투 안에 제가 있을 테니까요."

🔔 불법 영업

링컨이 상원의원 선거에 입후보하였습니다. 상대방은 쟁쟁한 더글러스였습니다. 합동 연설회에서 경쟁자였던 더글러스 후보가 목소리를 높였습니다.

"링컨 후보는 그가 경영하던 상점에서 팔아서는 안 될 술을 팔았습니다. 분명한 위법입니다. 이렇게 법을 어긴 사람이 상원의원이 된다면 이 나라의 법질서가 어떻게 되겠습니까?"

더글러스는 의기양양했고 청중은 술렁였습니다. 이 때 링컨이 연단에 올라가 태연하게 말했습니다.

"존경하는 유권자 여러분. 방금 전 더글러스 후보가 말한 것은 사실입니다. 그리고 그 때 우리 가게에서 가장 많이 술을 사 마신 최고 우량 고객이 더글러스 후보라는 것 역시 사실입니다."

모두가 웃음바다가 되었습니다.

🔔 어느 좀도둑의 기도

좀도둑이 그의 은신처에서 머리를 숙이고 기도를 하였습니다.

"하나님, 감사합니다. 훌륭한 경찰을 보내 주셔서 소매치기와 악독한 무리들, 그리고 못된 짓을 공모하는 자들을 감옥에 잡아넣게 해 주시니 감사합니다. 주님의 거룩한 배려가 없었다면 같은 직업에 종사하는 사람들이 너무 많을 것입니다. 그러면 저와 같이 불쌍한 도둑은 도저히 제대로 먹고살 길이 없사옵나이다! 아멘."

🐾 변하지 않는 거짓말

15위. 간호사 : "이 주사 하나도 안 아파요."
14위. 여자들 : "어머, 너 왜 이렇게 예뻐졌니?"
13위. 학원 광고 : "전원 취업 보장. 전국 최고의 합격률!"
12위. 비행사고 : "승객 여러분, 아주 사소한 문제가 발생했습니다."
11위. 연예인 : "그냥 친구 이상으로 생각해 본 적 없어요."
10위. 교장 : (조회 때) "마지막으로 한마디만 간단히."
9위. 친구 : "이건 너한테만 말하는 건데."
8위. 장사꾼 : "이것 정말 밑지고 파는 거예요."
7위. 아파트 신규 분양 : "지하철역에서 걸어서 5분 거리."
6위. 수석 합격자 : "그저 학교 수업만 충실히 했을 뿐이에요."
5위. 음주 운전자 : "딱 한 잔밖에 안 마셨어요."
4위. 중국집 : "출발했어요. 금방 도착해요."
3위. 옷가게 : "어머, 너무 잘 어울려. 맞춤옷 같아요."
2위. 정치인 : "단 한 푼도 받지 않았어요."
1위. 자리 양보 받은 노인 : "에구. 괜찮은데."

🔹 죽은 척

어느 날 한 소년이 깊은 산속을 걷고 있었습니다. 호랑이나 곰이 나타날까 두려운 마음이 그를 사로잡고 있었습니다. 그런데 우려한 대로 곰이 나타났습니다. 곰이 나타났을 때 죽은 척하면 곰은 죽은 것은 먹지 않는다는 말이 생각났습니다. 그래서 그 소년은 곧 죽은 척하였습니다.

그러나 곰은 착하였습니다. 곰은 그냥 지나칠 수가 없었습니다. 그래서 곰은 그를 파묻어 버렸습니다.

🔹 애인 버전

30대에 애인이 없으면 : 1급 장애인.
40대에 애인이 없으면 : 2급 장애인.
50대에 애인이 있으면 : 가문의 영광.
60대에 애인이 있으면 : 조상의 은덕.
70대에 애인이 있으면 : 신의 은총.

🔹 아내를 오리에 비유하면

돈 버는 능력은 없지만 집에 앉아 살림 잘하는 주부는 '집오리' 입니다.

전문직에 종사하며 안정적 수입이 있는 아내는 '청둥오리' 입니다.

부동산, 주식 투자 등으로 큰돈을 벌어오는 아내는 '황금 오리' 입니다.

남편이 벌어다 주는 돈을 다 쓰고도 모자라서 돈 더 벌어 오라고 호통만 치는 아내는 '탐관오리' 입니다.

모든 재산을 사이비 종교에 헌납한 아내는 '주께 가오리' 입니다.

돈 많이 드는 병에 걸리고도 명까지 긴 아내는 '어찌 하오리' 입니다.

돈 많이 벌어 놓고 일찍 죽은 아내는 '앗싸 가오리' 입니다.

🐾 여자의 상품 가치

10대는 샘플입니다.
20대는 신상품입니다.
30대는 명품입니다.
40대는 정품입니다.
50대는 세일품입니다.
60대는 이월 상품입니다.
70대는 창고 대방출입니다.
80대는 폐기 처분입니다.

🐾 부부의 잠버릇

20대 : 포개고 잔다.
30대 : 옆으로 누워 마주 보고 껴안고 잔다.
40대 : 천장 보고 나란히 누워 잔다.

50대 : 등 돌리고 잔다.
60대 : 각 방에서 따로따로 잔다.
70대 : 어디에서 자는지도 모른다.

🔖 부부 생활의 상태

10대 부부는 서로가 뭣 모르고 산다(환상 속에서 산다).
20대 부부는 서로가 신나게 산다(서로가 너무 좋아서).
30대 부부는 서로가 한눈팔며 산다(권태기라 고독을 씹으며 산다).
40대 부부는 서로가 마지못해 산다(헤어질 수 없어서 체념하고 산다).
50대 부부는 서로가 가여워서 산다(흰머리와 잔주름이 늘어나서).
60대 부부는 서로가 필요해서 산다(등 긁어 줄 사람이 없어서).
70대 부부는 서로가 고마워서 산다(서로가 살아준 세월이 고마워서).

🔖 정치인과 개의 공통점

가끔 주인도 몰라보고 짖거나 덤빌 때가 있다.
먹을 것을 주면 아무나 좋아한다.
무슨 말을 하든지 개소리다.
자기 밥그릇은 절대로 뺏기지 않는 습성이 있다.
매도 그 때뿐 옛날 버릇 못 고친다.
족보가 있지만 믿을 수 없다.
미치면 약도 없다.

🐾 거지와 교수의 공통점

출퇴근이 일정하지 않다.
뭔가를 들고 다닌다(깡통과 가방).
되기는 어렵지만 일단 되고 나면 쉽다.
작년에 한 말 또 한다.

🐾 부잣집 개

한 남자가 비싼 돈을 주고 개를 한 마리 샀습니다. 집을 잘 지키고 영리하다고 해서 산 것입니다. 그러던 어느 날 이 남자가 영리하다고 하는 개를 데리고 와서 개를 판 주인에게 화를 냈습니다.
"당신 정말 뻔뻔하군요! 이 똥개도 개라고 팔아먹는단 말이오?"
"아니, 갑자기 왜 그러시오? 무슨 일이 있었나요?"
"여보시오. 어제 우리 집에 도둑이 들어 100만 원을 훔쳐갔는데도 이 빌어먹을 개가 한 번도 짖지 않았어요."
개를 판 주인이 어이없다는 듯이 말했습니다.
"손님. 이 개는 부잣집에서 기르던 놈이라 그 정도 푼돈에는 눈 하나 깜짝 않는다고요."

🐾 여름철 복날 개들의 안전 수칙

첫째, 낯선 사람을 조심해라.
둘째, 함부로 돌아다니지 마라.

셋째, 낮잠을 자지 마라.

넷째, 주인도 믿으면 안 된다.

다섯째, 주인이 수상하다 싶으면 산으로 대피했다가 복날이 지난 다음에 내려와라.

여섯째, 만약 잡혔을 경우는 입에 거품을 물고 다윗처럼 미친 척 해라.

전부 개지요?

유난히 개고기를 좋아하는 사람 다섯 명이 보신탕을 잘한다는 집에 갔습니다.

주문 받는 아줌마가 와서는 사람을 하나씩 세었습니다.

"하나, 둘, 셋, 넷, 다섯."

그리고 물었습니다.

"다섯 분이네요. 다섯 분 전부 다 개죠?"

개 아닌 분 손들어 보세요?

삼계탕과 보신탕을 같이하는 집에 몇 명이 같이 식사를 하러 들어갔습니다. 주인이 주문을 받으면서 이렇게 말했습니다.

"개 아닌 분 손들어 보세요?"

3부
에피소드

3부 에피소드

🔔 뛰는 놈 있으면 나는 놈 있다

　골동품 장사가 시골의 어느 식당에서 식사를 하게 되었습니다.
　문 앞에서 개가 밥을 먹고 있었습니다. 그런데 그 밥그릇이 아주 귀한 골동품이었습니다.
　손님은 그것을 보고 탐이 났습니다. 골동품을 가지고 싶어 하였습니다. 그러나 주인이 그것만은 안 팔 것 같았습니다. 그래서 일단 개를 사려고 흥정을 하였습니다.
　별 볼일 없는 개였습니다. 그러나 후하게 50만 원 주겠다고 제안하였습니다. 주인은 기꺼이 동의하며 50만 원을 받았습니다. 그리고 개를 인수받았습니다.
　이제 밥그릇 흥정에 들어갔습니다.

"주인장! 이제 개가 없어졌으니 그 개 밥그릇은 필요 없을 터이니 개 밥그릇도 파시지요."

그러자 주인이 말했습니다.

"안 됩니다. 그 밥그릇 때문에 개를 100마리도 더 팔았는데요."

멍청한 마누라

어떤 부부가 건축 자재를 배달하는 사업을 하고 있었습니다.

하루는 물량이 너무 많아 트럭 뒤에 물건을 담고 보니 5m였습니다. 그런데 가다 보니 터널이 있었습니다. 그 앞에 이렇게 적혀 있었습니다.

"높이 4.5m."

부인이 운전하고 있는 남편에게 말했습니다.

"까짓것, 경찰도 없는데 그냥 통과해 버려요!"

엄마 심정

엄마와 아들 둘이 나란히 앉아서 TV를 보고 있었습니다. 마침 성형외과 의사가 나와서 얼굴 성형에 대해 말해주고 있었습니다. 못생긴 얼굴을 다듬어 주는 이야기였습니다. 아들이 말했습니다.

"엄마! 10달 동안 그렇게 고생해서 아들을 낳았는데 저렇게 못생겼으면 얼마나 억울할까?"

엄마가 말했습니다.

"이제야 네가 내 심정을 아는구나!"

🔦 수사자와 거북이

수사자와 거북이가 달리기 경기를 하고 있었습니다. 헐떡거리며 뛰는 거북이를 보고 수사자가 말했습니다.
"거북아! 웬만하면 가방을 벗고 뛰어."
수사자를 힐끔 쳐다본 거북이가 말했습니다.
"너나 잘해!"
어이가 없었던지 수사자가 말했습니다.
"가방 좀 벗고 뛰라니까."
참다 못한 거북이가 말했습니다.
"얘! 너나 머리 묶고 뛰어."

🔦 자장가

엄마가 젖먹이 아이를 안고 버스에 올랐습니다. 아기가 울기 시작하였습니다. 엄마는 아기를 안고 자장가를 불러 주었습니다.
"잘 자라. 우리 아기, 귀여운 아기~."
그래도 아기는 울음을 그치지 않았습니다. 엄마는 더 큰소리로 자장가를 불렀습니다.
"잘 자라. 우리 아기, 귀여운 아기~."
점점 자장가 노랫소리가 커졌습니다. 사람들은 마침내 귀를 막았습니다. 조금 후 한 사람이 소리를 질렀습니다.
"아줌마! 울게 그냥 내버려 둬요."

탐험가

탐험가 한 명이 아마존 정글을 탐험하다가 원주민에게 포위되었습니다. 혼자 중얼거렸습니다.

"이제는 죽었구나!"

이 때 하늘에서 음성이 들렸습니다.

"아니다. 너는 아직 죽지 않았다. 네 발밑에 있는 돌을 집어서 추장 머리를 맞혀라."

탐험가는 하늘이 돕는 것을 느꼈습니다. 그래서 발밑을 보니 정말 돌이 있었습니다. 돌을 집어서 추장에게 던졌습니다. 추장은 그대로 쓰러져 죽었습니다. 그 때 수십 명의 원주민들이 달려들었습니다.

탐험가는 다시 하늘에 기도하였습니다.

"하나님! 살려 주십시오."

그 때 하늘에서 소리가 들렸습니다.

"이제는 정말 죽었다."

도둑에게 쓴 편지

도둑이 많이 드는 집주인이 화가 나서 문 앞에 이런 편지를 붙여 놓았습니다.

"도둑에게.

우리 집은 도둑님들이 이미 많이 방문하였기에 가지고 갈 것이 없으니 옆집을 이용하기 바랍니다."

🔖 **각광받는 피서지 베스트 5**

방콕 : 방에 콕 처박혀 있는다.
방글라데시 : 방에 누워 굴러다닌다.
사이판 : 건물 사이에 그늘을 찾아 판을 깔아 놓고 쉰다.
동남아 : 동네에 남아 있으면서 동네에 남아 있는 아이들과 논다.
이집트 : 이틀간 집에 틀어박혀 잠만 잔다.

🔖 **결혼을 위하여**

한 남자가 사랑하는 여자에게 결혼하자고 프러포즈를 하였습니다.
여자가 말했습니다.
"저는 용기 있고 머리도 좋은 남자와 결혼하고 싶어요."
남자가 말했습니다.
"지난번 보트가 뒤집혔을 때 제가 당신을 구해 주지 않았습니까? 그것으로 제가 용기가 있다는 건 충분히 증명되지 않았나요?"
여자가 다시 물었습니다.
"그건 됐어요. 그렇지만 머리가 좋아야 한다는 조건이 남아 있지 않아요?"
남자가 말했습니다.
"그것이라면 염려 놓으십시오. 그 보트를 뒤집은 것이 바로 저였 거든요."

🎗 구청장 직인

어느 날 40대의 점잖아 보이는 중년 남자 분이 경찰서 안으로 들어왔습니다. 그리고 속도위반 통지서를 내밀었습니다. 담당자는 무슨 일이냐고 물었습니다. 그분이 말했습니다.

"저는 속도위반하는 사람이 아닙니다. 저는 시장님 직인을 늘 가지고 다닙니다."

경찰이 말했습니다.

"시장님의 직인을 가지고 다니는 것과 교통 위반은 관계가 없습니다."

그 사람이 말했습니다.

"전 절대 그런 사람이 아닙니다. 제가 시장님 직인 가지고 다니는 사람입니다."

경찰이 말했습니다.

"선생님! 선생님께서 중요한 일을 하시는 분이라도 기계가 판단해서 한번 발부된 통지서입니다."

그러나 막무가내였습니다.

시장 직인 가지고 있는 것을 너무나 강조하기에 경찰이 요청하였습니다.

"시장 직인 좀 보여주시겠습니까?"

그는 주민등록증을 내밀었습니다.

🦟 모기와 파리와 차이

모기가 피를 빨아먹으려고 어떤 사람의 몸에 앉았습니다. 그 사람이 손바닥으로 치는 통에 피가 터져 죽어서 하나님 앞에 갔습니다.
너무나 억울한 모기가 하나님께 하소연하였습니다.
"하나님! 사람들이 파리는 죽이지 않고 그냥 손으로 쫓기만 하는데, 왜 우리는 꼭 창자가 터지게 때려죽이나요? 너무나 불공평하지 않습니까?"
하나님이 말씀하셨습니다.
"얘, 모기야! 파리는 항상 손을 싹싹 빌고 있잖니?"

🦟 여자의 운명

똑똑한 년은 예쁜 년을 못 당하고,
예쁜 년은 시집 잘 간 년을 못 당하고,
시집 잘 간 년은 자식 잘 둔 년을 못 당하고,
자식 잘 둔 년은 건강한 년한테는 못 당하고,
아무리 건강한 년도 세월 앞에 못 당한다.

🦟 슈퍼맨

슈퍼맨이 하늘을 날아가고 있었습니다. 물에 빠져서 허우적거리는 사람을 발견하였습니다.
물에 빠진 사람이 소리를 질렀습니다.

"구해 줘요,. 슈퍼맨. 구해 줘요, 슈퍼맨."
슈퍼맨은 그를 향하여 소리를 질렀습니다.
"구, 구, 구……."
그리고 멀리 날아갔습니다.

🎙 미국인, 일본인 그리고 한국인

미국인, 일본인 그리고 한국인 세 명이 아프리카를 여행하였습니다. 무단 침입으로 야만인들에게 붙잡혔습니다. 벌로 곤장 100대씩을 맞게 되었습니다.

다행히 야만인 추장은 이들에게 한 가지씩 소원을 들어 주기로 하였습니다. 먼저 미국인이 소원을 말했습니다.

"제 등 위에 방석 6장을 올려 주십시오."

추장은 소원을 들어 주었습니다. 그리고 곤장 100대를 맞았습니다. 그러나 방석이 너무 얇아 70대째 방석이 찢어져 버렸습니다. 그래서 30대를 혼나게 맞았습니다. 그리고 미국인은 가물가물한 정신으로 말했습니다.

"그래도 우리는 창조력이 뛰어난 민족이야."

그리고는 정신을 잃고 말았습니다.

다음은 일본인 차례였습니다. 일본인이 소원을 말했습니다.

"제 등 위에 침대 매트리스 6개를 올려 주십시오."

추장은 일본인의 소원을 들어 주고는, 곤장이 시작되었습니다.

일본인은 100대를 맞는 동안 웃기만 하였습니다. 그리고 말했습니다.

"역시 우리는 모방 기술이 뛰어난 민족이야."
다음으로 야만인 추장이 한국인에게 말했습니다.
"자, 네 소원은 무엇이냐?"
한국인은 웃으면서 말했습니다.
"저 일본 사람을 제 등 위에 올려 주십시오."

건망증

한 여자가 힘들게 늦둥이를 낳았습니다. 친척들이 찾아와 아기를 보자고 하였습니다. 그 여자가 말했습니다.
"아직 안 돼요."
잠시 후에 다시 친척들이 아기를 보자고 하였습니다. 그 여자는 여전히 고개를 저었습니다.
친척들이 궁금해졌습니다. 그래서 물었습니다.
"그러면 아이를 언제 볼 수 있나요?"
그 여자가 말했습니다.
"아기가 울면 보여 줄게요."
친척들이 이상해서 물었습니다.
"왜 아기가 울 때만 볼 수 있죠?"
그 여자가 자신도 답답한 듯 가슴을 치며 울먹이며 말했습니다.
"아이를 어디에 뒀는지 기억이 나지 않아요!"

🎯 네 여자 말

요즘 남자들은 네 여자 말을 들어야 편합니다.
1. 어릴 때는 엄마 말.
2. 장가가서는 마누라 말.
3. 자동차를 타고 나서는 내비 양의 말.
4. 아침에는 모닝콜 해주는 아가씨 말.

🎯 출근길에서

직장에 첫 출근을 하였던 남편이 수척해져서 집으로 돌아왔습니다. 아내가 물었습니다.
"여보, 어디가 아파요?"
"응. 조금 안 좋아."
"왜 그래요?"
"기차를 타고 오면서 달리는 반대 방향으로 앉아서 왔더니 멀미가 나."
아내가 말했습니다.
"멀미가 나면 맞은편에 앉은 사람한테 잠깐 자리를 바꿔 달라고 부탁하지 그랬어요?"
"그럴 수가 없었어."
"왜요? 누가 타고 있었는데?"
남자가 말했습니다.
"내 앞자리에는 아무도 없어서 그렇게 부탁할 사람이 없었거든."

빈대 조문객

한 나그네가 하룻밤을 묵기 위하여 싸구려 여관에 들어갔습니다. 그런데 방에 들어가 보니 빈대 한 마리가 있었습니다.

주인을 오라고 불렀습니다. 그리고 말했습니다.

"주인장, 이리 와보세요. 여기 빈대가 있어요."

그러자 주인이 빈대를 보고 말했습니다.

"손님, 괜찮습니다. 이 빈대는 죽은 것입니다."

그래서 그냥 자기로 하였습니다. 근처에 다른 여관이 없었기 때문에 할 수 없었습니다.

이튿날 아침이 되었습니다. 주인이 와서 물었습니다.

"손님, 안녕히 주무셨습니까? 빈대는 확실히 죽은 놈이었죠?"

손님이 말했습니다.

"네. 확실히 죽었더군요. 그렇지만 그놈이 훌륭한 빈대였던지 조문객이 굉장히 많이 몰려들어서 잠을 잘 수가 없었습니다."

세월 따라 속담도 변한다

(1) 남녀칠세부동석 : 지금은 '남녀칠세 지남철' 이라오.

(2) 남아일언 중천금 : 요새는 '남아일언 풍선껌' 이라던데.

(3) 가는 말이 고와야 오는 말이 곱다 : 천만의 말씀. 지금은 '목소리 큰놈이 이긴다. 가는 말이 거칠어야 오는 말이 부드럽다.'

(4) 도적 보고 개 짖는다 : 요즈음은 모두가 도적이다. 주인까지도 도적인데 밤낮 짖기만 하나?

(5) 돌다리도 두드려 보고 건너라 : 성수대교 두드리지 않아서 무너졌나?

(6) 윗물이 맑아야 아랫물이 맑다 : 윗물은 흐려도 여과되어 내려오니 맑다.

(7) 서당 개 3년에 풍월 읊는다 : 당연하지요. 식당 개도 3년이면 라면을 끓인답디다.

(8) 개천에서 용 난다 : 개천이 오염되어 용은커녕 미꾸라지도 안 난다.

(9) 금강산도 식후경 : 금강산 구경은 배고픈 사람만 가나요?

(10) 처녀가 애를 낳아도 할 말이 있다 : 처녀가 애 낳았다고 벙어리 되나요?

(11) 닭 잡아먹고 오리발 내민다 : 닭과 오리를 다 잡아먹었다는 증거지요.

(12) 젊어서 고생은 금을 주고도 못 산다 : 천만에요. 젊어서 고생은 늙어서 신경통이 오게 합니다.

(13) 굶어 보아야 세상을 안다 : 굶어 보니 세상은커녕 하늘만 노랗습니다.

(14) 콩으로 메주를 쑨대도 곧이 안 듣는다 : 요즘 사람 메주를 쒀 봤어야 콩인지 팥인지 알지요.

(15) 하늘이 무너져도 솟아날 구멍이 있다 : 하늘까지도 부실 공사를 했나요?

(16) 떡 본 김에 제사 지낸다 : 옛날 사람은 떡만 가지고 제사 지냈나 봅니다.

(17) 눈먼 놈이 앞장선다 : 보이지 않으니 앞인지 뒤인지 알 수가

없지요.

🔔 누나 결혼

조금 모자라는 어떤 남자가 결혼을 했습니다. 친척 어른들이 와서 축하를 해주었습니다.
"진심으로 축하하네. 누구하고 결혼했나?"
"예. 여자하고 결혼했습니다."
친척은 한심하다는 듯이 물었습니다.
"이 사람아! 남자하고 결혼하는 사람도 있나?"
그 남자는 이상하다는 듯 대꾸하였습니다.
"모르는 말씀 마세요. 우리 누나는 남자하고 결혼했는데요."

🔔 한마디

어느 집사님이 혼자 등산을 하고 있었습니다. 길을 잘못 들어섰습니다. 날이 어두워졌습니다. 밤새도록 헤맸습니다. 새벽녘에 실족하였습니다. 그는 절벽 밑으로 굴러 떨어졌습니다.
그는 위급한 상황에서도 신속하게 손으로 절벽 중간에 서 있는 소나무 가지를 움켜쥐었습니다. 천만다행이었습니다. 간신히 목숨을 구한 그는 절벽 위를 향하여 소리를 질렀습니다.
"사람 살려! 위에 아무도 없나요?"
위에서 소리가 들렸습니다.
"아들아! 염려 말라. 내가 여기에 있노라!"

"누구십니까?"

소리를 질러 물었습니다.

"나는 하나님이다."

이런 말이 들렸습니다. 그는 다급한 목소리로 소리 질렀습니다.

"하나님! 저를 이 위험한 곳에서 구해 주시면 하나님을 위해 목숨을 바치겠나이다."

하나님의 소리가 또 들렸습니다. 위에서 목소리가 들린 것입니다.

"좋다. 그러면 내가 시키는 대로 하여라. 그 나무를 놓아라."

"무슨 말씀이십니까? 저는 이것을 놓으면 떨어져 죽습니다."

"아니다. 네 믿음대로 이루어질 것이다. 믿음을 가지고 그 나무를 놓아라. 그러면 평안하리라. 놓으면 살리라. 놓아라."

그는 잠시 침묵을 지켰습니다. 잠시 후 그는 이렇게 소리를 질렀습니다.

"여보시오. 그 위에 하나님 말고 딴 사람 없어요?"

🌂 아내와 이야기

아내가 물었습니다.

"자기, 결혼 전에 사귀던 여자 있었어? 솔직히 말해 봐!"

"응. 있었어."

"저, 정말? 사랑했어?"

"응. 뜨겁게 사랑했지."

"뽀뽀도 해봤어?"

"해봤지."

얼굴이 노래진 아내가 손톱을 날카롭게 세우고 이를 뽀쪽하게 세우고 몽둥이를 들고 서서 말했습니다.

"그 여자 지금도 사랑해?"

"그럼. 사랑하지! 첫사랑인데……."

울상이 된 아내가 마지막으로 소리를 질렀습니다.

"그럼 그년하고 결혼하지 그랬어!"

가까스로 웃음을 참던 남자가 말했습니다.

"그래서 그년하고 결혼했잖아."

🌶 한국 대통령과 일본 국왕

한국의 대통령과 일본의 국왕이 한자리에서 이야기를 시작하였습니다. 한국과 일본의 국민 수만 명이 모였습니다. 일본 황제가 자랑스럽게 말했습니다.

"우리 국민은 단결력이 상상을 초월합니다. 제가 손을 한번 흔들기만 하면 모두들 박수를 치며 환호할 것입니다."

"그렇습니까? 한번 해보시죠?"

일본 국왕은 자신만만하게 자국의 국민들에게 손을 흔들었습니다. 그러자 일본 국민들은 정말 모두 박수를 치며 환호를 보내는 것이었습니다. 일본 국왕은 우쭐해 하며 한국 대통령을 쳐다보았습니다.

그러나 우리의 대통령은 아무렇지도 않다는 듯 말을 이었습니다.

"후후. 그렇군요. 하지만 제가 손을 한번만 쓰면 여기 있는 국민은 물론 집에서 TV를 시청하고 있는 국민들도 모두 환호하며 기뻐해서 그날은 국경일로 지정이 될 것입니다."

그러자 일본 국왕은 비웃는 듯이 말했습니다.

"쿠쿠쿠. 그렇습니까? 그럼, 어디 한번 해보시지요."

한국 대통령은 일본 국왕의 귀싸대기를 갈겼습니다.

나도

하버드 대학을 막 졸업한 두 젊은이가 있었습니다. 보스턴 시내에서 택시에 타 들뜬 마음으로 이야기를 나누었습니다.

2분 정도 이야기를 듣고 있던 운전기사가 물었습니다.

"하버드 대학 출신인가요?"

"그렇습니다. 방금 졸업했답니다!"

두 사람은 우쭐해서 대답하였습니다. 운전사는 뒤로 손을 내밀어 악수를 청하면서 말했습니다.

"나 68년 졸업생이야."

어떻게? 내 핸드백!

미혼의 젊은 여자가 오피스텔에서 샤워를 하고 있었습니다. 그 때 갑자기 지진이 일어났습니다. 그녀는 너무나 놀라서 가운을 걸치는 것조차 잊어 버렸습니다. 그리고 소리를 지르며 복도로 뛰쳐나왔습니다.

그녀를 본 같은 오피스텔의 남자가 말했습니다.

"음……음! 저, 아가씨. 뭔가 잊으신 것 같은데."

여자가 뭔가를 잠시 생각하더니 방으로 뛰어가며 소리를 질렀습니다.

"어떻게? 내 핸드백!"

🎭 대한독립 만세

타이타닉호가 막 침몰하고 있었습니다. 구명선 한 척에 여러 사람들이 타고 있었습니다. 이미 정원이 초과되었습니다. 적어도 세 명은 구조선에서 내려야 다른 사람이 살 수 있는 형편이 되었습니다.

그러나 서로 눈치만 보고 있었습니다. 아무도 죽고 싶지 않았기 때문입니다. 그 순간 영국 신사가 일어나 외쳤습니다.

"대영제국 만세!"

그리고 용감하게 물속으로 뛰어들었습니다.

독일인은 평소 영국인에게 질 수 없다는 경쟁심을 가지고 있었습니다. 독일인이 벌떡 일어나 외쳤습니다.

"위대한 독일 만세!"

그리고 물에 뛰어들었습니다.

이제 한 명만 더 뛰어내리면 됩니다. 그러나 서로 눈치만 살피지 뛰어내리는 이가 없었습니다.

그 때 기다리던 지원자가 일어섰습니다. 한국인이었습니다. 벌떡 일어난 한국인은 두 손을 번쩍 들며 힘주어 외쳤습니다.

"대한독립 만세!"

이렇게 세 번 외치더니 옆에 앉아 있던 일본인을 물에 던졌습니다.

걱정을 맡기기

　사소한 일에도 늘 걱정, 근심을 하며 사는 사람이 있었습니다. 그런데 어느 날 그가 세상에 걱정, 근심거리가 하나도 없는 듯이 평화로운 얼굴을 하고 있는 것을 보았습니다. 친구가 놀라서 물었습니다.
　"친구야! 웬일로 요즘에는 불안해 보이지 않는다."
　그는 웃으며 대답했습니다.
　"요즘 한 달 내내 걱정, 근심을 하지 않았다네."
　"정말인가? 어쩐 일인가? 날마다 근심, 걱정하던 자네가?"
　"간단하지. 나를 위해서 대신 걱정, 근심을 해줄 사람을 고용했다네."
　"자네 지금 뭐라고 했는가? 그런 사람을 어디서 찾았는가?"
　"신문에 광고를 냈지."
　"그랬나? 뭐라고 광고를 냈는가?"
　" '와서 내 대신 걱정, 근심을 해주면 하루에 10만 원씩 주겠음' 이라고 냈다네."
　"하루에 10만 원이라고? 날마다 놀고 있는 백수인 자네는 그만한 돈을 벌지 못하지 않는가? 무슨 수로 그 사람에게 월급을 줄 것인가?"
　"그것도 그 사람이 걱정하고 근심할 문제라네. 나는 그 사람에게 근심을 다 맡겼다네."

🎈 유머로 풀어 보는 조선 임금님

어느 날 염라대왕이 조선조 500년 임금 27명이 왔다는 보고를 받았습니다. 그래서 그들 모두를 만찬에 초대하였습니다.

대왕은 건배 제의를 했습니다. 그리고 분위기가 무르익자 물어 보기 시작하였습니다. 참고로 통역은 세종대왕이 맡았습니다.

"제일 단명한 임금은 뉘시오?"

"예, 단종(17세)입니다."

"그러면 제일 장수하신 분과 재임 기간은?"

"영조(21대) 왕으로 83세에 승하하셨는데, 51년간 재위하셨습니다."

"장남이 왕위를 계승한 임금은?"

"7명뿐입니다. 문종, 단종, 연산군, 인종, 현종, 숙종, 순종, 모두 26%입니다."

"자녀를 가장 많이 둔 임금은?"

"태종(3대)입니다. 부인 12명에게서 29명(12남 17녀)의 자녀를 두었습니다."

"후손을 못 둔 임금은?"

"단종(6대), 인종 12대, 경종 20대, 순종 27대입니다."

"안방 출입이 제일 잦았던 임금은?"

"3대 태종입니다. 부인이 12명이었습니다. 9대 성종도 부인이 12명이었습니다."

"폭정을 한 왕은?"

"단연, 연산군(10대)입니다."

"제일 현정을 베푼 임금은?"

"예. 통역을 맡고 있는 저라고 생각합니다만……."

"세종, 자네는 백성도 잘 보살폈지만, 밤 정치도 잘해 부인 6명에 22명의 자녀를 두었다는데……. 생산 공장도 KS마크라고 들었소이다."

"네. 황송합니다."

"조선조 임금 중에서 가장 됐다 한 임금은?"

"예. 사도 세자의 아들인 정조 대왕인데 태평성대를 구가했습니다."

"조선조 임금들의 평균 수명은?"

"47세입니다."

"그렇게 단명한 이유는?"

"이 세상에서 가장 좋은 것들을 먹고 마시고 즐기면서 생명을 오랫동안 보존하려고 애썼지만, 생명은 대단히 짧았습니다. 그 이유가 있습니다.

첫째, 10대 전반부터 수많은 후궁들 속에서 과도하게 성생활을 했습니다. 정력제에 해당하는 보약을 너무 많이 먹어 몸에 독이 쌓였습니다.

둘째, 일거수일투족을 다른 사람이 다 대신해 줘 자신이 움직일 필요가 없어 운동이 부족했습니다.

셋째, 임금들의 생활은 일반인들이 생각했던 것보다 훨씬 고달팠습니다. 기상 시간은 오전 5시 전후. 하루 일과를 마치고 잠자리에는 빨라야 밤 11시쯤 들어가게 됩니다. 결국은 체력 유지가 어려웠습니다."

전화위복

한 직원이 회사에 큰 손해를 끼쳤습니다. 사장은 노발대발하였습니다.

"자네 월급에서 앞으로 30년 동안 50만 원씩 제하겠으니 그런 줄 알아!"

그 사원은 사장실에서 나오자마자 싱글벙글 웃으면서 아내에게 전화를 걸었습니다.

"여보, 나 30년 동안 퇴직 걱정 없어졌어."

가장 큰 걱정

남편이 지갑 속에 아내 사진을 가지고 다녔습니다. 아내는 남편이 자기를 항상 사랑하기에 사진을 가지고 다니는 줄로 알았습니다. 기분이 좋은 아내가 남편에게 물었습니다.

"당신은 왜 항상 내 사진을 지갑 속에 넣고 다녀요?"

"아무리 골치 아픈 일이라도 당신 사진을 보면 씻은 듯이 잊게 되거든."

"당신에게 내가 그렇게 신비하고 강력한 존재인가요?"

"그럼, 당신 사진을 볼 때마다 나 자신에게 이렇게 얘기하거든."

"뭐라고 하는데요?"

"세상에 이것보다 더 큰 문제가 어디 있을까?"

🔖 사는 재미

한 친구가 말했습니다.

"나 오늘부터는 술도 끊고, 담배도 끊고, 그리고 말이야, 바람도 안 피우기로 했어."

다른 친구가 물었습니다.

"그러면 자네는 오늘부터 무슨 재미로 사나?"

그가 대답하였습니다.

"그거야, 거짓말하는 재미로 살지."

🔖 부부 싸움

부부 싸움이 너무나 심하게 되었습니다. 아내가 남편에게 외쳤습니다.

"내가 차라리 악마와 결혼했더라면 좋았을 거야!"

남편이 조용히 말했습니다.

"여보. 그것은 불가능했을 걸! 근친결혼은 법적으로 금지되어 있거든."

🔖 끝없는 욕망

선생님이 학생들에게 질문하였습니다.

"돈 6억 원을 가진 사람과 말을 잘 안 듣고 속을 썩이는 자녀 6명을 가진 사람 중 어느 쪽이 행복할까?"

한 학생이 자신 있게 대답했습니다.

"자녀 여섯을 가진 사람입니다."

선생님이 다시 물었습니다.

"그 이유는?"

학생이 대답하였습니다.

"선생님. 돈 6억 원을 가진 사람은 더 많은 욕심이 있어 10억, 20억을 갖고 싶어 합니다. 그러나 자녀 6명을 가진 사람은 그만 가졌으면 하며 욕심이 없습니다."

🌿 자전거 도착

비행기 조종사인 남편이 몇 달 동안 출장을 떠나면서 임신한 아내에게 말했습니다.

"출장 가 있는 동안 아이를 낳게 되면 나에게 전보를 쳐 줘. 아기를 낳았다고 하지 말고 '자전거가 도착했다'고 해줘. 그래야 동료들에게 술을 사는 것을 피할 수가 있거든."

그리고 한 달 후에 남편은 아내로부터 전보를 받았습니다.

"고추를 단 자전거가 도착했음."

🌿 도끼 자국

오래전이었습니다. 욕심 많은 노인과 마음씨 착한 머슴이 살고 있었습니다. 동이 트자 머슴은 땔감을 구하러 산으로 올라갔습니다. 주인이 중얼거렸습니다.

"저 녀석이 산에 가서 빈둥거리며 놀기만 할지도 모르니 오늘은 뒤를 한번 밟아 보아야겠다."

산중턱쯤까지 머슴 뒤를 쫓던 주인은 숨이 찼습니다. 다리가 아팠습니다. 걸을 수가 없었습니다. 도저히 따라갈 수가 없어서 포기하였습니다. 발길을 뒤로 돌렸습니다.

그 때 갑자기 곰 한마리가 나타났습니다. 노인은 기겁을 하고 달아나려 했습니다. 그러나 발걸음이 떨어지지 않았습니다. 몇 발자국 가지 못해 넘어지고 말았습니다.

눈앞에서 하얀 이를 드러낸 곰이 달려들고 있었습니다. 노인은 곰에게 빌었습니다.

"목숨만 건질 수 있게 해주신다면 어떤 욕심도 부리지 않겠습니다."

이 때였습니다. 갑자기 '퍽' 하는 소리와 함께 곰이 기우뚱하며 쓰러졌습니다. 정신을 차리고 고개를 들었습니다. 잽싸게 달려왔는지 머슴이 도끼로 곰을 후려치고 있었습니다.

잠시 후 곰은 죽었습니다. 머슴과 주인은 다리를 절며 마을로 내려왔습니다. 주인의 몸은 곧 회복되었습니다. 주인은 환한 얼굴로 그 곰의 가죽을 벗기고 그 가죽을 팔려고 장으로 나갔습니다.

팔고 돌아오는 길에 주인의 얼굴빛이 그리 밝지 못했습니다. 주인이 집에 들어서자마자 머슴을 불렀습니다. 그리고 이렇게 소리쳤습니다.

"이놈아! 도끼 자국 때문에 곰 가죽을 반값도 못 받았다."

욕심

빈대 네 마리가 살고 있었습니다. 빈대들은 몸집이 너무 작은 것이 항상 불만이었습니다. 그러던 어느 날 하나님께서 이 빈대들에게 새해 소원을 물어보았습니다.

첫 번째 빈대에게 물었습니다.

"네 소원이 무엇이냐?"

"네, 저는 몸집이 너무 작아 힘이 약합니다. 그래서 힘이 센 소가 되고 싶습니다."

"그래? 그럼 소가 되어라."

그 빈대는 소원대로 소가 되었습니다.

두 번째 빈대에게 물었습니다.

"너는 무엇이 되고 싶으냐?"

"네, 저는 하늘을 나는 새가 되고 싶습니다."

"그래? 그럼 너는 새가 되렴."

두 번째 빈대도 소원대로 새가 되었습니다.

세 번째 빈대에게 물었습니다.

"너는 무엇이 되고 싶으냐?"

"네, 저는 배고픈 것을 견딜 수가 없습니다. 굶지 않고 매일 음식을 뒤져 먹을 수 있는 쥐가 되게 해주세요."

"그래? 그럼 너는 쥐가 되거라."

세 번째 빈대 역시 소원대로 쥐가 되었습니다.

마지막으로 네 번째 빈대에게 물었습니다.

"너는 무엇이 되고 싶으냐?"

이 때 네 번째 빈대가 슬그머니 욕심이 생겼습니다.

'어차피 원하는 대로 다 받는다면 실컷 구해 보자.'

이렇게 생각하고 말했습니다.

"하나님, 저는 소처럼 힘도 세고요, 새처럼 하늘도 날고요, 쥐처럼 굶지도 않는 그런 것이 되고 싶습니다."

하나님은 빙긋 웃으며 말씀하셨습니다.

"그래? 그럼 네 소원대로 소새쥐가 되어라."

그런데 이 세상에는 소새쥐라는 동물이 없었습니다. 그래서 그 이름과 가장 비슷한 소시지가 되고 말았습니다.

거짓말 약

거짓말을 하면 '뽕' 하고 소리가 나는 신기한 약을 어머니가 구입해 가지고 집으로 왔습니다. 매일 새벽이 되어서 들어오는 딸과 함께 약을 먹고는 따지기 시작하였습니다.

"너 간밤에 어디서 자고 들어왔어?"

"친구 집에서요."

"뽕."

"거짓말 마! 어느 놈이랑 잔거야?"

"자긴 누구랑 잤다고 그래요? 친구와 같이 잤어요."

"뽕."

"솔직히 말해! 너 몇 번이나 그짓 했어?"

"딱 한 번."

"뽕."

"처음이에요."

"뿅."

"세상에. 엄마는 너만할 때 그런 짓 단 한 번도 한 적이 없어!"

"뿅. 뿅. 뿅."

🐾 아내의 속마음(1)

암에 걸려 투병 중인 남편 옆에서 아내가 친척에게 보낼 편지를 쓰고 있었습니다. 아내를 지그시 쳐다보던 남편이 말했습니다.

"여보! 나 아무래도 가망 없겠지?"

"여보! 그게 무슨 소리예요. 당신은 나을 수 있어요!"

"그……그래. 내가 회복하면 우리 함께 여행 가자고."

"그럼요."

아내는 계속 편지를 쓰다가 말했습니다.

"여보, 장례식이라고 쓸 때 '장' 자는 한자로 어떻게 쓰는 거예요?"

🐾 아내의 속마음(2)

임종이 가까워진 어떤 사람이 아내에게 전 재산을 물려주겠노라고 유언을 하였습니다.

"여보! 당신은 참 좋은 분이세요."

아내는 슬픈 듯이 한숨을 쉬었습니다. 그리고 말했습니다.

"마지막 소원이 있으시면 말씀하세요."

"글쎄. 냉장고에 있는 햄을 한 접시 먹고 싶은데……."

아내가 말했습니다.

"아! 그건 안 돼요. 장례식이 끝나면 조문객들에게 대접하려고 준비한 것이에요."

🎯 날마다 술 마시는 남편

남편이 오늘도 어김없이 술을 많이 마시고 깊이 잠들었습니다. 숨이 넘어갈 듯이 코를 골며 잠을 자다가 벌떡 침대에서 일어나서 말했습니다.

"여봐라, 아무도 없느냐?"

아내가 잠을 자다 깜짝 놀라 깼습니다. 그리고 남편을 달래서 다시 자게 하였습니다.

아내가 아침 식사를 하면서 물었습니다.

"여보. 어제 저녁에 잠을 자다가 왜 떠들면서 나를 깨웠어요?"

남편이 말했습니다.

"이놈의 마누라야! 내 평생 처음 임금이 되어서 호통 치는 순간을 당신이 깨뜨렸어."

🎯 악몽

부부가 잠을 자고 있었습니다. 그런데 남편이 벌떡 일어나더니 땀을 뻘뻘 흘리고 있었습니다. 부인은 놀라서 남편에게 물었습니다.

"당신 왜 그래요?"

"끔찍한 악몽을 꾸었어. 인기 탤런트 고현정과 당신이 나를 차지하려고 싸우는 꿈이야."

"하하. 그게 왜 악몽이에요?"

"결국 당신이 고현정을 이겨 나를 차지했거든."

🔦 꿈

어느 날 한 남자가 꿈을 꾸었는데 도저히 무슨 꿈인지 생각이 나지 않았습니다. 그런데 숫자 '7' 자만이 어렴풋이 생각났습니다. 그때 시계를 보니 7시 7분 7초를 막 지나고 있었습니다.

그래서 그는 오늘은 무엇인가 좋은 일이 일어날 것이라고 생각하였습니다. 은행에 들러 예금 잔액을 모두 찾아가지고 나왔습니다.

그때 마침 버스 정류장에 7번 버스가 왔습니다. 빨리 그 버스를 탔습니다. 그런데 그 버스가 경마장에 섰습니다. 그는 하나님의 뜻이라고 여기고 경마장으로 들어갔습니다.

7번 홈이 나와 7번 홈으로 들어갔습니다.

7번 경기가 막 시작되려는 참이었습니다.

"우와! 세상에 이럴 수가······."

그래서 그는 7번 말에 전액을 몽땅 걸었습니다. 그런데 7번 말이 7등을 하였습니다.

🔦 보신탕과 신부

보신탕을 좋아하는 신부가 있었습니다. 이분은 아주 건강하였습니다. 그런데 술, 담배, 그리고 개고기를 좋아하였습니다. 보신탕 이야기만 나오면 좋아하였습니다. 당장 먹으러 가자고 성화였습니다.

어느 날 한 자매가 신부님에게 이렇게 말했습니다.

"신부님, 보신탕 너무 좋아하지 마세요. 혼자 살고 계시잖아요."

그러자 신부님이 정색을 하며 말했습니다.

"자매님, 보신은 하느님도 좋아하십니다. 창세기에 나와 있어요."

신구약을 잘 알고 있는 자매가 물었습니다.

"어디 그런 말이 있어요?"

신부가 말했습니다.

"창세기 1장에 보면 하나님은 이 세상을 만드시며 6일간 7번 보시기에 좋았더라고 하셨습니다."

'보시기에 좋았더라'를 '보신에 좋았더라'고 잘못 읽은 것이었습니다.

사모님이 열 받을 때

1. 아침을 준비하며 믹서 소리에 전화를 못 받았습니다.

"사모님. 새벽 기도 다녀와서 또 주무시나 봐."

2. 더 열 받을 때가 있습니다.

낮에 전화하면서 말합니다.

"혹시 주무시는 것을 깨웠나요?"

3. 새 신자가 들어와 좀 반갑게 맞아 주었습니다. 기성 성도가 말합니다.

"우리를 무시한다."

4. 30년 동안 1년 365일 새벽 기도 나가다가 하루 빠졌습니다.

"사모님. 오늘 새벽에 못 봤어요."
5. 동대문시장에서 1만 원짜리 옷을 사 입었습니다.
"사모님. 새 옷 입으셨네요. 사치 아닌가요?"

🔹 친구와 상담

한 남자가 친구를 찾아와서 하소연하였습니다.
"여보게. 아내가 도망갔으니 어떻게 하면 좋지?"
그는 눈물까지 흘렸습니다. 그리고 이어서 말했습니다.
"나하고 늘 같이 골프를 치던 내 친구하고 함께 말이야."
슬퍼하며 하소연하는 말을 다 듣고 친구가 위로했습니다.
"이봐. 정신 차리게. 여자가 어디 한둘인가? 여기저기 널린 게 여자라네."
그 친구가 말했습니다.
"내가 마누라 때문에 슬퍼하는 줄 아나?"
"그럼 왜 그러나?"
훌쩍이던 남자가 정색을 하며 대답했습니다.
"같이 도망 간 친구 때문일세."
"같이 도망 간 친구가 어째서 그러나?"
"어. 내가 골프에서 이길 수 있는 유일한 녀석이었거든. 내가 이길 수 있는 친구가 도망 가서 나는 슬픈 거라네."

🔊 에피소드(1)

안내원 앞에 전화벨이 울렸습니다. 안내원은 전화를 받으면서 물었습니다.
"안녕하세요? 무엇을 도와드릴까요?"
"아, 저기……, 제가 컴퓨터를 잘 모르는데요, 제가 실수로 그만 사장님의 새 컴퓨터 키보드 위에 커피를 흘렸는데 어떻게 해야 하죠?"
"컴퓨터 키보드는 아주 저렴하니 그냥 수돗물에 헹구신 후에 말려서 다시 쓰셔도 무방해요."
"아, 네, 감사합니다!"
5분이 지났습니다. 다시 전화벨이 울렸습니다. 안내원은 다시 전화를 받았습니다.
"안녕하세요? 무엇을 도와드릴까요?"
상대방이 말했습니다.
"조금 전에 내 컴맹 비서에게 300만 원짜리 노트북을 수돗물에 씻어서 말려도 된다고 알려준 안내원 부탁합니다."
안내원은 모른 척하였습니다.

🔊 에피소드(2)

안내원 앞에 전화가 울렸습니다.
"안녕하세요? 무엇을 도와드릴까요?"
"오늘 밖에 아주 바람이 세게 불고 있는 것을 아시지요?"

"그런데요?"

"음……, 혹시 그래서 제 모니터 화면에 떨림 현상이 나타나는 건가요?"

📌 에피소드(3)

안내원 앞에 전화가 울렸습니다.
"안녕하세요? 무엇을 도와드릴까요?"
"저기 윈도우에서 컴퓨터를 안전하게 종료시키려면 어떻게 해야 하나요?"
"아. 우선 여러 개 열어 놓으신 창이 있으시면 다 닫으신 다음 컴퓨터의 시작 버튼으로 가셔서……."
전화를 건 사람은 말도 다 안 듣고 통화하다 말고 말했습니다.
"잠시만요."
30초 정도가 지났습니다.
"헥헥헥……. 방금 집에 열려 있던 창문을 다 닫았거든요. 이제 컴퓨터를 끄면 되는 것인가요?"

📌 엽기적인 상담

질문 : "저는 42세의 중년 남성입니다. 요즘 아랫배가 더부룩해지는 것 같더니 큰 문제가 발생했습니다. 콩을 먹으면 아래로 콩이 나오고, 오이를 먹으면 곧바로 오이를 배설해 버립니다. 모르긴 몰라도 죽을병에 걸린 것 같습니다. 도와주세요."

대답 : "그러면 똥을 먹어 보세요."

질문 : "저는 맞벌이를 하고 있는 29세의 여성입니다. 일이 바쁘기 때문에 남편과 저는 아이를 갖는 것을 원하지 않습니다. 그렇지만 시부모님은 시간이 없다는 저희의 말을 들으려 하지 않으십니다. 저희는 정말로 시간이 없는데요. 어떻게 설명을 드려야 할까요?"
답 : "시간이 없으시다고요? 길어야 10분이면 되는 거 아닙니까?"

질문 : "5년 동안 사귀던 여자와 헤어졌습니다. 전화를 해도 받지 않고, 집 앞까지 찾아가도 만나 주지를 않습니다. 그래서 매일매일 편지를 쓰기 시작했습니다. 오늘로 편지를 쓴 지 200일이 되는 날입니다. 그녀에게는 아무런 연락이 없군요. 정말 끝난 걸까요?"
답 : "집배원과 눈이 맞았을 확률이 높습니다."

질문 : "저는 17세의 소녀입니다. 사춘기를 맞았는지 요즘 들어 여러 가지 생각에 사로잡히곤 합니다. 그중에서 가장 큰 고민은 자꾸 '나는 무엇인가?' 하는 질문에 사로잡힌다는 점입니다. 그 생각 때문에 공부도 안 됩니다. 도대체 나는 무엇일까요?"
답 : "인칭 대명사입니다."

질문 : "안녕하세요? 저는 이번에 4수에 실패한 인생 낙오자입니다. 잘하려고 해도 뭔가가 제 앞을 막고 있는 것 같습니다. 아무리 해도 자신이 없고 그저 죽고 싶은 생각뿐입니다. 집에서도 저를 포기한 것 같습니다. 주위의 시선은 너무나 따갑고 냉정하기만 합니다. 누구

에게 위로를 받고 싶은데 아무도 저를 위로하려 하지 않습니다. 따뜻한 말이 필요합니다. 도와주십시오."

답 : "가스보일러, 난로, 전기장판, 모닥불, 아궁이, 열 내는 하마."

질문 : "23세의 고민 남입니다. 그녀를 정말 이대로 보내기가 싫습니다. 마음이 너무 아파요. 전 이제 어떻게 살아야 할까요? 이 고통의 날들을 어떻게 보내야 할까요? 삶의 의미가 사라져 버렸습니다. 아마 전 미쳐가고 있나 봐요. 내 모든 것인 그녀……보내기 싫습니다. 보낼 수 없습니다. 이대로 보낸다면……전 자살할지도 모릅니다. 어쩌면 좋죠?"

답 : "그럼 가위나 바위를 내세요."

질문 : "안녕하세요, 아저씨? 저는 샛별초등학교 5학년 2반 32번 맹구라고 합니다. 선생님이 숙제로 북극에 사는 동물 5개를 써오라고 내주셨는데, 저는 북극곰하고 펭귄밖에 몰라요. 나머지는 아무리 생각해도 생각이 안 나요. 어떻게 써서 가야 되나요?"

답 : "북극곰 3마리, 펭귄 2마리라고 쓰세요."

질문 : "안녕하세요? 전 24세의 자유를 사랑하는 여성입니다. 문제는 어젯밤에 일어났습니다. 어젯밤에 제 남자 친구와 화끈한 데이트를 했는데 너무 열렬하게 한 나머지 몸에 자국이 선명하게 남아 버렸습니다. 내일 당장 수영장에 가기로 약속을 했는데 남자 입술 자국이 남겨진 몸으로는 도저히 창피해서 갈 수가 없을 것 같습니다. 어쩌면 좋죠?"

답 : "어차피 비키니 수영복으로 다 가려지는 데 아닙니까?"

질문 : "안녕하십니까? 저는 분유 회사에 근무하고 있는 성실한 연구원입니다. 아시리라 믿습니다만 매스컴에서는 모유가 분유보다 좋은 점을 강조해서 분유의 판매량을 저하시키고 있습니다. 그렇지만 분유라고 장점이 없겠습니까? 저는 구체적인 예를 들지 않고 무조건 모유가 좋다는 언론의 말에 화가 날 정도입니다. 도대체 모유가 분유보다 좋다는 결정적인 이유가 뭐란 말입니까?"
답 : "담겨져 있는 용기부터가 예쁘지 않습니까?"

🍄 밥통

어느 반에 바보 아이가 있었습니다. 학교에 입학하여 어느 날 시험을 보았습니다. 수학 시험에서 빵점을 맞아 선생님과 1:1로 공부하게 되었습니다.
"수학 시험 0점이 뭐니?"
선생님은 많이 화가 나 있었습니다.
"좋아. 그러면 기초부터 가르쳐주지 1+1이 뭐지?"
"잘 모르겠는데요."
"너 정말 밥통이구나! 그래 그럼, 이렇게 해보자. 너랑 나랑 더하면 얼마지?"
바보가 대답하였습니다.
"아! 선생님. 그것은 알아요. 밥통 2개요!"

🔖 엉덩이 긁기

한 청년이 군대에 갔습니다. 그가 철모를 벅벅 긁고 있었습니다. 친구가 보고 물었습니다.

"야, 머리가 가려우면 철모를 벗고 긁지 왜 그렇게 긁냐?"

그가 대답하였습니다.

"야! 너 그러면 길가다가 엉덩이 가려우면 바지 벗고 긁냐?"

🔖 하나님의 소가 죽었어

어느 날 한 농부가 기쁨에 찬 얼굴로 아내에게 달려왔습니다. 그리고 흥분하면서 말했습니다.

"암소가 두 마리의 새끼를 낳았어요. 한 마리는 붉고, 다른 한 마리는 흰 송아지예요. 두 마리 낳았으니 한 마리는 하나님께 드려요. 어느 것을 드릴까요?"

남편이 말했습니다.

"그런 일에는 신경 쓰지 말아요. 두 마리를 키우다가 때가 되면 그 때 정하기로 하면 되지요."

그 후 몇 개월이 지났습니다. 어느 날 남편이 갑자기 사색이 되어 말했습니다.

"여보! 주님의 송아지가 죽었소."

아내가 따지듯이 물었습니다.

"아니, 당신은 어느 것이 주님의 송아지인지 결정하지 않았잖아요?"

남편이 말했습니다.

"나는 말이야, 벌써부터 흰 놈을 드리려고 생각했거든. 그런데 하필 흰 놈이 죽어 버렸어."

🐾 바보와 신발

어느 바보 딸을 둔 아버지가 그 딸과 함께 아침 운동을 나갔습니다. 공원 쪽으로 열심히 뛰는데 지나가던 사람이 그 남자를 보고 말했습니다.

"아저씨! 운동화를 짝짝이로 신었어요."

신발을 내려다보니 정말로 한쪽은 흰색, 다른 한쪽은 검은색이었습니다. 그가 바보 딸에게 말했습니다.

"어서 집에 가서 아빠 운동화 가져와. 창피하다."

딸은 쏜살같이 집으로 달려갔습니다.

그동안 아버지는 큰 나무 뒤에 숨어서 딸이 오기만을 기다렸습니다. 얼마 후 딸이 돌아왔습니다. 손에 아무것도 없었습니다.

"왜 그냥 왔니? 신은 왜 가지고 오지 않았어?"

딸이 말했습니다.

"아빠! 집에 있는 신 가지고 와도 소용이 없어요. 집에도 짝짝이 신발밖에 없어요."

🐾 보청기

바보 학생이 드디어 보청기를 장만하였습니다. 귀가 어두운 학생이었습니다.

자습 시간을 마치고 수업이 시작되었습니다.

뒤에서 누가 자꾸만 떠드는 이상한 소리가 났습니다.

선생님이 꾸짖으며 말했습니다.

"야. 거기 맨 뒤! 필기 안 하고 뭐해?"

귀가 어두운 바보가 말했습니다.

"칠판이 안 보여서요."

"그래? 이제 공부 시킬 맛이 나는군. 말귀를 한번에 알아들은 적은 처음이다. 네 눈은 몇인데?"

"제 눈은 둘인데요."

"아니, 그것 말고. 네 눈이 얼마냐?"

"제 눈은 안 파는데요."

"네 눈이 얼마나 나쁘냐고?"

바보가 말했습니다.

"제 눈은 뭐, 나쁘고 착하고 그런 것 없는데요."

🌂 제 발 저리다

닭을 길러서 먹고사는 노파가 있었습니다. 어느 날 아침에 일어나 보니 암탉 한 마리가 없어졌습니다. 동네 지혜로운 노인에게 가서 어떻게 닭을 찾을 수 있을지 물었습니다.

노인은 동네 사람들을 모두 모았습니다. 동네 사람들이 한 명도 안 빠지고 모두 모였습니다. 노인은 소리를 질러 말했습니다.

"왜 다 모이지 않았어?"

그 때 어떤 사람이 말했습니다.
"한 명도 빠지지 않고 다 왔습니다."
노인이 또 집이 떠나가라 소리를 질렀습니다.
"무슨 소리야? 닭 훔친 놈은 안 왔잖아?"
그 때 고함 소리에 놀라서 한 사람이 기어 나오면서 말했습니다.
"저는 진작부터 와 있었는데요."

🌿 아내 사랑, 자식 사랑

저승에서 염라대왕이 기생, 도둑놈, 그리고 의사 세 명을 불러 조사를 시작하였습니다.
먼저 기생에게 물었습니다.
"너는 세상에서 무슨 일을 하였는가?"
"예. 예쁘게 화장하고 뭇 남자들을 즐겁게 해주었습니다."
"그만하면 좋은 일을 하였구나. 세상으로 내려가서 더 살다 오거라."
다음으로 도둑놈에게 물었습니다.
"너는 세상에서 무슨 일을 하였는가?"
"예. 소인은 밤이슬을 맞아 가면서 부잣집의 재물을 훔쳤습니다. 그리고 가난한 사람들에게 나누어 주었습니다."
염라대왕이 말했습니다.
"음……, 그것도 해로운 일은 아니다. 서로 공평하게 사는 길을 열었으니 너도 즉시 나가서 더 살다가 오거라."
다음으로 의사에게 물었습니다.

"너는 세상에서 무슨 일을 하였는가?"

"예. 소인은 말똥이나 소 오줌 그리고 나무껍질 같은 것으로 약을 만들어 죽어 가는 사람을 살렸고 병든 자를 고쳤습니다."

이 말이 떨어지기가 무섭게 염라대왕이 말했습니다.

"여봐. 이놈을 당장 잡아 묶어 지옥 기름 가마에 쳐 넣어라. 내가 병든 인간들을 불러들일 때 방해하였던 자가 바로 이놈이다. 이놈의 수작으로 내 계획이 번번이 실패하였다. 꽁꽁 묶어서 지옥으로 끌고 가라."

의사는 꽁꽁 묶여서 지옥으로 끌려가면서, 같이 왔다가 땅으로 돌아갈 두 명에게 말했습니다.

"여보게. 살아서 우리 집에 가거든 아내에게는 기생이 되라고 말해 주게. 그리고 아들에게는 도둑이 되라고 전해 주게."

🐾 에누리

시골에 살고 있는 사람이 서울로 이사 오게 되었습니다. 이사 올 때 동네 사람들이 말했습니다.

"서울 사람들은 깍쟁이입니다. 모든 것을 반으로 에누리하시오."

그는 그렇게 하기로 다짐을 하였습니다.

이사 와서 옆집 사람과 이야기를 나누게 되었습니다.

"성이 무엇이요?"

"한 서방이요."

"나는 반 씨랍니다."

"이 동네 이름은요?"

"사동입니다."
"아! 나는 이동에서 왔지요."

🌿 깨물어 먹어

어느 주막집에 손님들이 술을 마시고 있었습니다. 거지가 들어와서 구걸을 하였습니다.
"배가 고파 죽겠는데 술 한잔 주시오."
그러나 술손님들은 모르는 척하고 술만 마시고 있었습니다. 거지가 말했습니다.
"나에게 술 한잔 주시면 사발까지 깨물어 먹는 것을 보여 드리겠습니다."
손님들은 웃으면서 재미있다고 말했습니다. 그리고 술을 주었습니다. 몇 잔 받아 마시면서 그릇을 먹지 않았습니다. 그래서 손님들이 물었습니다.
"약속이 틀리잖아요?"
거지가 천연덕스럽게 말했습니다.
"이제는 배가 고프지 않은데 왜 그릇을 먹어요?"

🌿 건달의 술

건달이 술을 마시고 싶은데 돈이 없었습니다. 하루는 친구의 생일 잔치에 초대를 받았습니다. 술상이 벌어졌습니다. 그런데 그 친구는 생활이 넉넉하지 못하여 술을 따르는 동자에게 조금씩만 따라 주라고 부탁하였습니다.

건달은 동자가 따라주는 술이 양에 차지 않았습니다. 술을 반 잔만 따라주는 것이 못마땅하였습니다. 그래서 그는 술 따르는 동자가 화장실에 갈 때 따라가서 넌지시 말했습니다.

"얘. 나는 배탈이 나서 술을 마시지 못하겠어. 그러니 내게는 될 수 있는 대로 술을 따르지 말아줘! 부탁이야. 약소하지만 받아 줘!"

그리고 돈이 든 봉투를 주었습니다. 동자는 고맙다고 말하고 혼자 조용히 뜯어보았습니다. 돈은 한 푼도 없고 종이뿐이었습니다. 동자는 그 봉투를 땅에 팽개치고 보복할 결심을 하였습니다. 그리고 방으로 들어가서 그 사람에게 술을 한잔 그득히 계속 따랐습니다.

덕분에 건달은 오랜만에 술을 거나하게 마실 수 있었습니다.

배려

사장이 사원들과 함께 술을 3차로 마셨습니다. 거나하게 취하였습니다. 취중에 사장이 말했습니다.

"너희들 확실히 나를 책임지지?"

사원들은 모두 한목소리로 우렁차게 대답하였습니다.

"물론이지요."

사장은 잠이 들었다가 깨었습니다. 너무 추워서 눈을 뜬 것입니다. 그런데 길거리 한가운데 누워 있었습니다. 그리고 배 위에는 이런 메모가 놓여 있었습니다.

"밟지 마시오."

📢 축구 해설가

어느 축구 해설가가 이렇게 해설을 하였습니다.
약자가 드리블 하면 외쳤습니다.
"볼을 저렇게 오래 가지고 있으면 안 되지요."
강자가 드리블을 하면 말합니다.
"굉장한 개인기이군요."
약자가 중거리 슛을 하면 말합니다.
"무모한 짓을 하고 있습니다."
강자가 중거리 슛을 하면 말합니다.
"대포알 같습니다."
약자가 미드필드에서 조여 오면 말합니다.
"축구를 답답하게 하는군요."
강자가 미드필드에서 조여 오면 말합니다.
"축구는 저렇게 중앙부터 조여 줘야 풀립니다."

📢 달력

연설하는 사람이 2시간 넘게 지루하게 연설을 이어갔습니다. 그리고 말했습니다.
"죄송합니다. 시계가 없어서 그랬습니다."
그러자 청중 가운데 한 명이 말했습니다.
"그래도 다행입니다. 벽에 시계는 없어도 벽에 달력이 걸려 있어서 오늘 끝났습니다."

아내 구함

어느 남자가 신문에 광고를 냈습니다.
"아내 구함."
그 후 수백 통의 편지를 받았습니다.
"제 아내를 데리고 가시오."

대화

두 부부가 앉아서 대화를 나누고 있었습니다. 한 부부가 말했습니다.
"꿀 같은 당신! 설탕 좀 넣어 줘요."
다른 부부가 말했습니다.
"돼지 같은 당신! 베이컨 좀 넣어 줘요."

입이 큰 여자

한시도 입을 다물지 못하고 말하는 여자가 있었습니다. 1년 12달 말하라고 해도 부족할 정도였습니다.
어느 날 아내가 남편에게 말했습니다.
"여보! 오늘 성형외과에 갔더니 두 바늘만 입을 꿰매면 내 입이 예뻐진다고 하더군요."
"성형비가 얼마나 되나?"
"겨우 50만 원이에요."

남편이 말했습니다.

"100만 원 줄 테니 입을 모두 봉해 달라고 부탁해."

🔦 여직원 채용

여직원을 채용하는데 면접에 세 명이 응시하였습니다.

한 지망생이 말했습니다.

"저는 1분 동안 70단어를 타이핑할 수 있습니다. 그리고 시간을 정확하게 지킵니다."

두 번째 여자가 말했습니다.

"저는 1분에 120단어를 속기합니다. 그리고 성실합니다."

세 번째 여자가 말했습니다.

"저는 예민한 청각을 가지고 있습니다. 그래서 멀리서 사모님이 오시는 소리를 구별할 수 있습니다."

결국 세 번째 여자가 채용되었습니다.

🔦 치과에서

치과에서 한 남자가 이를 뽑는데 치과 의사가 기구를 대면 입을 다물어서 도저히 이를 뽑을 수가 없었습니다.

의사는 간호사에게 신호를 보냈습니다. 간호사는 그 남자의 옆구리를 계속 꼬집었습니다. 입을 다물고 있을 수가 없었습니다. 그 사이에 의사는 이를 뽑았습니다. 이를 뽑고 났을 때 환자가 말했습니다.

"이상합니다. 충치의 뿌리가 옆구리까지 뻗어 있는 줄을 이제 알았습니다."

🎫 가장 싼 티켓

어느 목사님이 설교하러 운전하여 가고 있었습니다. 차가 막혔습니다. 앞의 차들이 전혀 움직이지 않고 있었습니다. 참다못한 목사님이 불법으로 차를 유턴하였습니다.

호루라기 소리와 함께 경찰관이 다가왔습니다. 차를 세우자 다가온 경찰관이 말했습니다.

"목사님 아니십니까?"

거수경례를 하고 서 있는 경찰관을 보니 자기 교회 교인이었습니다. 반가웠습니다. 그래서 말했습니다.

"아, 자넨가. 시간이 바쁜데 하도 길이 막혀서 그만……."

경찰이 말했습니다.

"목사님. 다른 경찰들이 보고 있으니 싼 것으로 하나 떼어 드리겠습니다."

"고맙네."

그 날 시간에 늦지 않게 무사히 설교를 끝내고 돌아왔습니다. 그러고는 시간이 흐르면서 그 일을 까맣게 잊고 있었습니다. 한 달쯤 지났습니다.

여사무원이 목사님 앞에 와서 우물쭈물하며 서 있었습니다.

"목사님. 범칙금 통지서가 하나 왔는데요……."

"아, 그래. 그런 일이 있었지."

"그런데요 그게 좀……."

무심코 여사무원에게서 통지서를 받아 든 목사님의 얼굴이 순식간에 벌레 씹은 표정이 되었습니다. 이렇게 쓰여 있었습니다.

"노상 방뇨죄."

🔖 아담이 한국인이었다면

하나님도 실수를 하셨다고 합니다. 그중에 제일 큰 실수는 아담을 중동 사람으로 만드셨다는 사실입니다. 만일, 한국 사람을 인류의 조상으로 만드셨다면 뱀한테 속지 않았을 것입니다. 원죄를 짓지 않았을 것입니다.

이유는 분명합니다. 만일 뱀이 한국인에게 수작을 부렸다면 당장 목을 비틀어 뱀탕을 만들어 국물도 안 남기고 마셔 버렸을 것입니다. 그래서 뱀이 벌벌 떨며 접근도 못하였을 것입니다.

🔖 그걸 모르고

평생 독신으로 사는 할아버지가 있었습니다. 놀이터 의자에 앉아 있었습니다. 동네 꼬마들이 몰려와 옛날이야기를 해달라고 졸랐습니다. 그러자 할아버지는 조용히 이야기를 시작하였습니다.

"얘들아. 옛날에 어떤 남자가 한 여자를 너무너무 사랑했단다. 그래서 그 남자는 용기를 내어 여자에게 결혼해 달라고 프러포즈를 했지. 그러자 그 여자는 말 두 마리와 소 다섯 마리를 가지고 오면 결혼해 주겠다고 했단다. 그 남자는 돌아가서 열심히 일했단다. 말과 소들을 사려고 말이야. 그러나 지금까지 돈을 못 벌어서 기다리고 있단다. 이제는 할아버지가 되었고 물론 그 여자는 할머니가 되었지.”
 이 때 한 아이가 말했습니다.
 “할아버지. 두 마리의 말이랑 다섯 마리 소면 '두말 말고 오소' 라는 뜻이 아닌가요?”
 할아버지는 무릎을 치며 말했습니다.
 “내가 왜 그것을 몰랐지? 그 할아버지가 바로 나란다. 나 간다.”
 할아버지는 어디론가 쏜살같이 달렸습니다.

이름도 몰라, 성도 몰라

 자정이 훨씬 넘었습니다. 경찰이 야간 순찰을 돌고 있었습니다. 잠옷을 입고 꼬마가 고개를 푹 숙이고 집 앞에 앉아 있었습니다. 경찰이 물었습니다.
 “얘, 너 여기서 뭐하니?”
 “엄마 아빠가 싸워서 피난 나온 거예요. 물건을 막 집어던지고 무서워 죽겠어요.”
 “너의 아빠 이름이 뭔데?”
 “글쎄. 그걸 몰라서 엄마와 저렇게 싸우는 거예요.”

앙드레 김의 아들

 앙드레 김과 그의 아들이 유럽으로 가는 비행기를 탔습니다. 패션쇼를 하기 위한 것이었습니다. 어린 아들이 기내에서 떠들었습니다.
 앙드레 김이 아들에게 말했습니다.

"촤~알스 떠들면 안 돼요."

그러나 아들은 막무가내로 떠들어 댔습니다. 손님들에게 미안하였습니다.

"촬스. 조용히 해야 해요."

지나가던 스튜어디스가 생각했습니다.

"역시 앙드레 김은 아들의 이름도 국제적으로 짓는구나."

그리고 아들에게 물었습니다.

"이름이 촬스니?"

아들이 말했습니다.

"철수인데요."

🎯 나 점 뺐어

숫자 4.5와 5가 있었습니다. 5보다 낮은 4.5는 항상 5를 형님이라 모시며 깍듯한 예의를 차리곤 했습니다. 그러던 어느 날 평소 그렇게 예의바르던 4.5가 5에게 반말을 하며 거들먹거렸습니다.

화가 난 5가 소리를 질렀습니다.

"너 죽을래? 어디서 감히!"

4.5가 가만히 째려보면서 말했습니다.

"까불지 마! 인마. 나 점 뺐어!"

🎯 남존여비

건배하는 이가 술잔을 들고 앞으로 나와 건배를 제안하며 말했습니다.

"남존여비!"

여자들이 자리에서 일어나 야유를 하며 삿대질을 하였습니다. 이때 그가 말했습니다.

"남존여비란 남자가 존재하는 이유는 여자의 비위를 맞추기 위해 있다."

여자들이 자리에 앉아 일제히 박수를 쳤습니다.

다른 사람이 소리를 질렀습니다.

"남존여비!"

한 사람이 물었습니다.

"그건 뭔데?"

그가 말했습니다.

"예. 남자의 존재 이유는 여자가 잘못할 때 비명 지르게 만드는 것이다."

또 다른 사람이 일어나더니 말했습니다.

"남존여비."

사람들이 궁금해 할 때 그가 말했습니다.

"남자의 존재 이유는 여자의 비밀을 지켜주기 위해서이다."

여자들은 우레와 같은 갈채를 하였습니다.

그러자 또 한 사람이 일어나 말했습니다.

"남자의 존재 목적은 여자 앞에서 비실비실해야 한다."

여자들은 더욱 박수갈채를 보냈습니다.

🍄 염라대왕이 모시러 오거들랑

70세를 맞을 때는
"지금 집에 없어요"라고 이야기하라.
80세를 맞을 때는
"아직 일러요"라고 이야기하라.
90세를 맞을 때는
"그렇게 서두르지 않아도 된다"고 이야기하라.
100세를 맞을 때는
"때를 보아서 이쪽에서 슬금슬금 갈 테니 오지 않아도 된다"고 이야기하라.

🍄 눈에는 눈, 이에는 이

아내가 요리한 저녁상을 먹으며 남편이 말했습니다.
"고기를 이따위로 요리하면 어떻게 먹겠소!"
"그럼 당신이 직접 해 드시면 되잖아요! 난 요리사가 아니니까요."
그 날 밤이었습니다. 아래층에서 이상한 소리에 깬 아내가 남편을 흔들어 깨우면서 말했습니다.
"여보, 여보, 일어나 봐요. 아래층에서 이상한 소리가 나는 걸 보니 도둑이 들었나 봐요. 어서 내려가 봐요."
남편이 말했습니다.
"당신이 가보구려. 난 방범대원이 아니니까."

🔖 트렁크

한 승객이 만원 기차를 타고 어디론가 가고 있었습니다. 기차가 어느 정거장에 섰습니다.

다른 승객이 아주 무거운 트렁크를 들고 들어왔습니다. 그리고 그의 머리 위의 선반에 트렁크를 올려놓았습니다. 그는 트렁크가 너무 크고 무거워 아무리 봐도 자신의 머리 위로 떨어질 것만 같았습니다. 그래서 그 사람에게 말했습니다.

"트렁크 안전할까요?"

그 승객이 말했습니다.

"그럼요. 열쇠로 잠갔는걸요."

🔖 진짜 나이

친척들이 모인 자리에서 한 아이에게 물었습니다.

"너 몇 살이지?"

아이가 더벅머리 사이로 빼꼼 쳐다보며 오히려 물었습니다.

"정확히 언제 나이를 물어 보시는 거예요? 버스 탈 때 나이요? 극장 갈 때 나이요?"

4부

이번 주에는
아무 일이 없어

4부
이번 주에는 아무 일이 없어

🔖 따질 것을 따져야지

어떤 사람이 식당에 들어가서 소고기 덮밥을 주문하였습니다. 음식이 나왔습니다. 그런데 소고기가 보이지 않았습니다. 기분이 상한 손님이 물었습니다.

"주인 양반, 소고기 덮밥에 소고기는 하나도 보이지 않으니 어찌 된 거요?"

주인이 말했습니다.

"손님. 그것도 모르십니까? '천사의 집'이라고 이름 붙은 집에 가면 천사가 삽니까?"

왜 돈을 받지요?

어느 동네에 구두 수선집이 있었습니다. 의사가 구두를 수선하러 갔습니다. 구둣방 주인은 도저히 고칠 도리가 없다면서 말했습니다.
"5천 원을 내십시오."
의사가 어이가 없어서 물었습니다.
"수선할 수 없다면서 왜 돈을 받는 거요?"
구둣방 주인이 말했습니다.
"당신한테 배운 거요. 내가 당신 병원에 가니까 내 병은 도저히 고칠 수가 없다면서 진찰비를 받지 않았소?"

아들

어머니가 다섯 살 난 아들을 철저히 교육시키려고 작정하였습니다. 그래서 아침에 일어나면 집안일을 거들게 하였습니다. 그래서 어머니는 아침에 일어나면 스스로 옷을 찾아서 입으라고 알려 주었습니다. 이불도 혼자 개고, 아침도 혼자 찾아 먹게 하였습니다. 장난감도 가지런히 정돈하게 하였습니다.
그래서 그렇게 살고 있는 아이의 이야기를 책을 보면서 들려주었습니다. 한참 듣고 있던 아들이 말했습니다.
"엄마. 이 아이는 엄마도 없대?"

🐿 아버지

고등학교 대항 축구 시합이 있었습니다. 중간 휴식 시간에 학생들의 장기 자랑이 있었습니다. 한 학생이 나와서 기타를 치면서 노래를 불렀습니다. 누가 들어도 잘 부르는 노래였습니다. 응원단에 앉아 있던 학부형 한 사람이 말했습니다.

"저 녀석이 내 아들이오."

조금 후 그 학생이 계속 실수를 하였습니다. 모두가 짜증을 냈습니다. 그만두고 들어갔으면 좋겠다는 표정들이었습니다. 그 때 그 학부형이 말했습니다.

"가만 있자, 저 애는 우리 아이가 아닌 모양인데. 여기서 보면 모두 비슷하게 보여."

🐿 이혼해 보아야 안다

억만장자와 결혼한 여인이 있었습니다. 친구들이 부러워하면서 말했습니다.

"돈 많은 사람과 결혼해서 좋겠다."

그리고 물었습니다.

"재산이 얼마쯤 되냐?"

그 여자가 말했습니다.

"확실한 액수는 이혼해 봐야 알아."

🔊 출산과 거주지

어느 산부인과 분만실에서 일어난 이야기입니다. 출산실로 들어간 산모의 소식을 기다리는 남편들이 궁금해 하면서 기다리고 있었습니다. 조금 후 간호사가 나오더니 큰소리로 말했습니다.
"한남동에서 오신 손님, 사내아이 하나 낳았어요!
쌍문동에서 오신 손님, 쌍둥이를 낳았어요!
세검정에서 오신 손님, 세 쌍둥이에요!
사당동에서 오신 손님, 네 쌍둥이에요!"
그 때 한 사람이 안절부절못하며 소리쳤습니다.
"큰일 났네. 난 구파발에서 왔는데!"
그러자 옆에 있던 손님이 말했습니다.
"여보시오. 난 천호동에서 왔수다."
그 옆 사람이 말했습니다.
"이것 봐요. 난 만리동에서 왔소."

🔊 수박

수박을 고르고 있던 손님에게 과일 장수가 말했습니다.
"수박들이 모두 잘 익어 속이 빨갛고 무척 달콤합니다."
그 손님이 사가지고 가다가 수박을 떨어뜨렸습니다. 수박이 깨졌습니다. 그런데 속이 하얗고 설익은 것이 드러났습니다. 그는 화가 나서 과일 장수한테 가서 보여주며 말했습니다.
"왜 거짓말하였지요?"

과일 장사가 말했습니다.
"부인, 떨어졌으니 창백해지는 게 당연하지 뭘 그래요."

🎈 여자에게 용서받지 못할 남자

눈이 단춧구멍만해서 쌍꺼풀 수술을 한 남자는 용서할 수 있어도, 노출이 심한 여자만 보면 눈이 당구공처럼 커지는 남자는 용서할 수 없다.

귀 뚫은 남자는 용서할 수 있지만, 귀가 막힌 남자는 용서할 수 없다.

머리카락 없는 것은 용서할 수 있지만, 머리에 든 것이 없는 남자는 용서할 수 없다.

날 사랑하지 않는 남자는 용서할 수 있지만, 거짓 사랑을 고백하는 남자는 용서할 수 없다.

밥 많이 먹는 남자는 용서할 수 있지만, 반찬 투정만 하는 남자는 용서할 수 없다.

외박을 하고 온 남자는 용서할 수 있지만, 속옷을 뒤집어 입고 온 남자는 용서할 수 없다.

🎈 성적이 좋아도

대학교에 다니는 아들이 한 번도 학점 3.0을 넘겨 보지 못했습니다. 그러던 어느 날 시험을 쳤는데 대학 생활 3년 만에 처음으로 학점 3.2가 나왔습니다.

친구들이 우르르 몰려와 축하해 주었습니다. 그리고 술을 한잔 사라고 하였습니다. 그는 고민하면서 말했습니다.

"야. 큰일 났다. 우리 엄마는 3.0이 만점인 줄 알고 있는데……."

명쾌한 답

배우자 중매 사이트가 있습니다. 어떤 남자가 원하는 배우자 형을 다음과 같이 써 넣었습니다.

"키가 커야 함. 각선미가 좋아야 함. 미인이어야 함. 재산이 많아야 함."

이런 댓글이 달렸습니다.

"당신은 키가 큰가? 체격이 우람한가? 미남인가? 머리가 좋은가? 재산이 많은가?"

그 남자는 다시 댓글을 달았습니다.

"아니오."

그 밑에 다시 댓글이 달렸습니다.

"미쳤군."

어려워서

스탠퍼드 대학교 경영대학원에서 경제학을 강의하는 교수가 있었습니다. 그는 강의 시간에, 자기가 전에 강의를 들었던 MIT의 로버트 M. 솔로 교수가 1950년에 쓴 논문으로 1987년도 경제학 부문 노벨상을 수상했다는 얘기를 했습니다. 그 때 한 학생이 물었습니다.

"그렇게 오래전에 쓴 논문이 어째서 최근에 와서야 인정을 받게 됐습니까?"

교수가 대답하였습니다.

"어려워서 읽는 데 오래 걸렸겠지."

🔦 거짓말

어떤 남자가 길을 걷고 있었습니다. 한 소년이 1만 원짜리 한 장을 흔들며 쫓아와서 물었습니다.

"아저씨, 지금 이 돈을 떨어뜨리지 않으셨어요?"

그 남자는 호주머니를 뒤적거리더니 말했습니다.

"아, 떨어뜨린 것 같구나. 꼬마야, 네가 주웠니?"

"아니오."

"그럼?"

"이것으로 지금 여기 지나가는 어른들 중에 거짓말쟁이가 얼마나 많은가를 조사하고 있는 중이에요."

🔦 출세

외출 갔다가 돌아온 과장이 물었습니다.

"나 없는 사이에 또 그 녀석이 술 마시고 발광했다면서?"

부하 직원이 대답했습니다.

"늘 하던 그대로 책상 위에 발을 얹고 아무에게나 함부로 욕지거리를 퍼붓고 그랬죠."

과장이 말했습니다.

"그 녀석! 술만 안 마시면 지금쯤 대리는 되었을 텐데."

그러자 부하는 이상한 듯이 말했습니다.

"그 친구 술만 마시면 사장이 되는데요, 뭐."

🐚 소라

한 어린 소녀가 바닷가에서 소라 껍데기를 주웠습니다. 귀에다 대고 거기서 나는 소리를 듣다가 잠이 들었습니다.

다음날 아침 눈을 뜬 그는 소라 껍데기를 귀에 대고 다시 들었습니다. 그리고 소리를 질렀습니다.

"어머, 내가 이것을 밤새도록 틀어 놓았네!"

🐚 세면 도구

남편이 직장 동료들을 초청하였습니다. 그리고 집에서 한턱을 내게 되었습니다. 아내는 화장실 정리를 하였습니다. 그리고 손님들이 쓸 수건과 비누를 새로 준비하여 놓았습니다. 그리고 자녀들이 건드릴까 봐 경고 쪽지를 얹어 놓았습니다.

"너희들, 이것 쓰면 죽을 줄 알아."

저녁 식사를 마쳤습니다. 다 만족하여서 돌아갔습니다. 화장실에 가보았습니다. 수건과 비누에는 아무도 손을 대지 않았습니다.

경고 쪽지도 그대로 있었습니다.

상

어린 아들이 새 책을 옆에 끼고 의기양양해서 집으로 돌아왔습니다.
"엄마, 나 상 탔어!"
"상? 뭐에 대한 상이냐?"
"오늘 자연 시간에 선생님이 타조의 발이 몇 개냐고 물으셨어!"
"그래, 몇 개라고 대답했니?"
"셋이라고 했지요."
"타조는 다리가 둘밖에 없는데……."
"나도 지금은 알아. 그런데 다른 애들은 넷이라고 대답했거든. 내가 가장 정답에 가깝잖아. 그래서 내가 탄 거야."

사회주의

사회주의에는 6가지 모순이 있습니다.
1. 사회주의 체제하에서는 모두 일을 하지만, 가게에는 아무것도 없다.
2. 가게엔 아무것도 없으나, 누구도 부족한 것이 없다.
3. 아무도 부족한 것이 없으나, 모두 불만에 차 있다.
4. 모두 불만에 차 있으나, 모두 정부를 지지한다.
5. 모두 정부를 지지하지만, 아무도 일하지 않는다.
6. 아무도 일은 하지 않지만, 실업자는 없다.

복귀

한 남자가 파출소에 들어와 지갑을 소매치기 당했다고 신고했습니다. 경찰관이 물었습니다.

"지갑 속에 무엇이 들어 있습니까?"

"돈은 얼마 되지 않습니다. 다만 방금 산 복권이 두 장 있는데, 한 장은 1등 당첨될 것이 틀림없습니다."

"그럼 도둑 잡는 것은 문제가 없어요. 1등 당첨된 사람을 붙들면 돼요."

버스

정류장에 버스가 왔습니다. 사람들이 버스에 올랐습니다. 버스 운전사가 소리를 질렀습니다.

"뒤로 들어가 주세요. 다음 정류장에서 내리실 손님만 앞으로 나와 주세요."

그러나 승객들은 그대로 버스 앞쪽에 몰려 있었습니다. 화가 난 운전사가 버스를 세우더니 벌떡 일어나서 소리를 질렀습니다.

"뒤로 좀 들어가세요. 뒤쪽에 있어도 앞쪽과 같은 방향으로 간단 말입니다."

여자

남편이 어떤 여자로부터 편지를 받아 읽었습니다. 그리고 얼굴색이 창백하게 변했습니다.
부인이 옆에 있다가 의심이 생기는지 물었습니다.
"흥, 여자 편지죠? 나를 속이려 들지 말아요. 보여주세요. 그 여자가 누구예요?"
남편이 말했습니다.
"여자한테서 온 것은 확실해요. 당신 단골 의상실 여자한테서 온 청구서요."

염려대왕

101세 된 노파가 95세 된 영감을 보고 말했습니다.
"염라대왕이 우리를 아주 잊어버린 것 같아요."
영감이 깜짝 놀라 손을 가리고 말했습니다.
"쉿! 듣는다."

엽기 맞선

한 아가씨가 더운 여름날 맞선을 보게 되었습니다. 안 보려고 하다가 주변의 간곡한 부탁에 못 이겨서 본 것입니다. 있는 힘을 다하여 멋을 부리고 약속 장소에 나갔습니다.
그런데 맞선을 보기로 한 남자가 2시간 늦게 나타났습니다. 그 여자는 열을 받았습니다. 가만히 앉아 있다가 드디어 남자에게 한마디 했습니다.
"개 새 끼……키워 보셨어요?"

그녀는 속으로 쾌재를 불렀습니다. 이 말을 듣더니 남자가 입가에 미소를 지으며 말했습니다.

"십 팔 년……동안 키웠죠."

그 여자는 강적을 만났다고 생각하며 새끼손가락을 쭈욱 펴서 남자 얼굴에 대면서 말했다.

"이 새 끼……손가락이 제일 예쁘지 않아요?"

남자가 말했습니다.

"이 년 이……었으면, 다음에 또 만나겠죠!"

오토바이

한 남자가 오토바이를 타고 가다가 길가에 서 있는 두 소년에게 물었습니다.

"오토바이를 탈 줄 아니?"

두 명이 똑같이 대답하였습니다.

"둘 다 못 타요."

그 남자가 말했습니다.

"내가 점심 먹고 오는 동안 이 오토바이를 좀 봐 줄래?"

오리

할머니가 네 살 된 손녀와 함께 동네 가까이에 있는 공원의 연못가를 산책하고 있었습니다. 연못가에는 많은 사람들이 모여서 연못을 지켜보고 있었습니다. 그들은 유난히 예쁜 오리 한 마리와 새끼오리 여덟 마리가 나란히 한 줄로 헤엄쳐 가는 것을 구경하고 있었습니다.

할머니가 말했습니다.

"애야, 아름답지? 저 엄마 오리가 새끼 오리들을 데리고 가는 것을 봐라."

손녀가 말했습니다.

"할머니, 저건 엄마 오리가 아니고 아이 봐주는 오리일 거예요."

월급

한 인부가 한 달 동안 건설 현장에서 일하였습니다. 월급을 받았습니다. 5만 원이 더 들어 있었습니다. 아무에게도 말하지 않았습니다. 그리고 다음 달에 월급을 받았습니다. 그런데 이번에는 5만 원이 모자라는 것이었습니다. 그는 사장에게 달려가 항의하였습니다. 그러자 사장이 이렇게 말했습니다.

"왜 지난번에는 더 주었는데 아무 말도 하지 않았나?"

인부가 말했습니다.

"한 번 실수는 병가지상사이지요. 그런 실수가 두 달이나 계속되었기 때문에 말씀드리는 것입니다."

수풀 림(林)

초등학교 한문 선생님이 한자 붓글씨 공부를 시키고 있었습니다. 그런데 한 학생이 쓴 '임'(林) 자의 나무 목(木) 변이 하나는 작았습니다.

선생님이 이상하여 물었습니다.

"나무 목 자를 꼭 같게 써야지, 하나는 크고 하나는 작으면 되니?"

그 학생이 말했습니다.

"선생님, 제 글자가 맞아요. 수풀에 있는 나무 크기는 모두 같지 않아요. 어떤 것은 크고요, 어떤 것은 작아요."

자식

반상회를 하던 중이었습니다. 이런저런 이야기를 하다가 아이들이 부모에게 가장 애를 먹일 때가 언제인지에 대해 말하기 시작하였습니다.

"두 살을 넘기면 얼마나 좋겠어요!"

한 여자가 신음하듯이 말했습니다.

"학교 들어갈 때쯤이 가장 어려워요. 미운 7살이라지 않아요. 두 살 때는 아무것도 아니지요."

다른 엄마가 반론을 말했습니다.

"십대가 되면 말도 못한답니다."

세 번째 부인이 탄식하듯이 말했습니다. 대화가 뜸해지는가 싶었습니다. 할머니 한 분이 진지하게 말했습니다.

"자식이 마흔이 넘어 봐야 정말 어려운 걸 알 거요."

잔인성

잘못을 저질러서 매를 맞게 된 아들이 아빠에게 물었습니다.
"아빠도 어렸을 때 할머니한테 매 맞았어?"
"그래. 맞았단다."
"그러면 할아버지도 할아버지 아빠한테 매 맞은 거야?"
"아마 그분도 맞았을 거야."
아들이 말했습니다.
"아빠는 대대로 물려받은 이 잔인성을 이제 그만둘 때가 됐다고 생각지 않아요?"

장수

90세로 장수하고 있는 노인에게 신문 기자가 건강의 비결을 물었습니다.
"할아버지, 장수의 비결이 무엇입니까?"
그 노인이 말했습니다.
"장수의 비결은 술을 마시지 않는 데 있습니다."
그 때 갑자기 옆방에서 술 취한 사람이 벽을 치며 고함지르는 소리가 들려왔습니다. 기자들이 물었습니다.
"이게 무슨 소리입니까?"
노인은 멋쩍은 듯이 대답했습니다.
"저의 110살 되신 아버님께서 술에 취해서 저러시는 겁니다."

🔔 접시

어머니와 딸이 설거지를 하고 있었습니다. 그동안에 남편과 아들은 거실에서 텔레비전을 보고 있었습니다. 그런데 갑자기 접시 깨지는 소리가 요란히 났습니다. 큰 접시가 깨지는 것 같았습니다. 그러다가 잠잠하였습니다. 아들이 아버지의 얼굴을 쳐다보며 말했습니다.

"엄마가 깨뜨렸어요."

아버지가 물었습니다.

"보지 않고 어떻게 알지?"

"엄마가 소리치지 않잖아요."

🔔 도박사와 아내

낮이고 밤이고 도박을 좋아하는 남자가 있었습니다. 도박에 미친 그는 아내까지 잡히고 도박을 했습니다. 아내도 잃고 말았습니다. 그러자 그 사내가 애원했습니다.

"부탁하네. 우리 마누라를 한 번 더 잡아주지 않겠나?"

"자네 마누라에게 그만한 값어치가 있단 말인가?"

"그럼 있고말고, 우리 마누라는 아직 처녀이니까."

"처녀라니? 말도 안 되는 소리."

"자네가 정 믿지 못하겠다면 사실을 털어놓지. 나는 결혼한 후로 지금까지 노름하느라고 하루도 집에서 자본 일이 없거든."

🔖 증명

한 남자가 지갑을 잃어 버렸습니다. 운전면허증도 함께 잃어 버렸습니다. 재발급을 받으려고 갔습니다. 세 살 난 아들도 같이 갔습니다. 담당 여직원은 소정 양식에 필요한 기재 사항을 적어 넣었습니다. 그리고 신분증을 보여 달라고 하였습니다. 모두 잃어버렸다고 말했습니다. 여직원이 말했습니다.

"아무것이라도 좋으니 선생님 신분을 증명할 만한 것이 꼭 있어야 합니다."

난처해진 그는 아들에게 몸을 돌리며 물었습니다.

"내가 누구지?"

아들이 활짝 웃으면서 대답하였습니다.

"아빠!"

여직원은 아무 말도 없이 확인란에 이렇게 적었습니다.

"아들이 확인함."

🔖 어려운 문제

밤에 으슥한 골목을 걷고 있는 남자가 있었습니다. 어둠 속에서 강도가 칼을 들이댔습니다.

"돈이냐, 목숨이냐?"

놀라서 손을 들고 망설이고 있었습니다. 강도가 물었습니다.

"빨리 말해. 돈이냐, 목숨이냐, 어느 쪽이야?"

그 남자가 고함쳤습니다.

"재촉하지 마. 어느 쪽으로 할까 지금 생각하고 있어."

🌿 인상

노상강도에게 습격당한 남자에게 경찰이 물었습니다.
"그놈은 콧수염을 기르고 있었나?"
강도 만난 남자가 말했습니다.
"그것이 분명치 않단 말입니다. 만약 기르고 있었다 하더라도 그놈은 깎고 있을 것이 틀림없습니다."

🌿 멍청이

노상강도가 말했습니다.
"얌전하게 돈을 내놓지."
그러나 강도 만난 남자는 심하게 저항하며 싸웠습니다. 결국 강도가 이겼습니다. 그 남자를 도로에 쓰러뜨려 놓고 호주머니를 뒤졌습니다. 겨우 1만 원이었습니다.
"이건 뭐야. 겨우 1만 원밖에 가지고 있지 않잖아? 도대체 뭣 때문에 기를 쓰고 덤볐나?"
그 남자가 숨을 헐떡이면서 말했습니다.
"혹시 신발 밑바닥에 숨기고 있는 1천만 원 수표를 들키면 큰일이라고 생각했단 말이야."

콜레라

콜레라가 유행할 때였습니다. 두 사람이 함께 여관에 묵고 있었습니다. 한밤중에 문을 두드리는 소리가 들렸습니다. 문을 열자 두 남자가 들것을 가지고 서 있었습니다.

"여관 주인의 호출을 받고 왔습니다. 아무래도 콜레라에 걸린 모양이라고요. 오늘 열두 번이나 화장실에 가셨다고 하더군요."

그 남자가 말했습니다.

"예, 하지만 열한 번은 다른 사람이 들어갔습니다."

개명

어느 사업가는 사인하기를 싫어하였습니다. 대신에 엄지손가락으로 지문 찍기를 즐겼습니다. 그러던 그는 엄지 대신에 검지를 찍었습니다. 이것을 본 친구가 이상하게 생각하고 그 이유를 물었습니다. 그 친구가 말했습니다.

"나도 개명한 거야."

만성병

중국 사람 하나가 병원에 와서 진찰을 받고 있었습니다. 의사가 물었습니다.

"자각 증상은 언제부터 있었습니까?"

"쌍십절 무렵부터입니다."

"쌍십절은 언제 시작되었나요?"
"2천 년 전에 생겨난 날입니다."
의사가 말했습니다.
"여보시오. 그런 만성병은 고칠 수가 없습니다."

애국자

애국 훈련을 시키던 교관이 한 사람에게 물었습니다.
"나라가 그대의 마지막 돈을 요구한다면 어떻게 하겠는가?"
"네, 바로 내놓겠습니다."
"그러면 그대가 가지고 있는 마지막 옷을 요구한다면 바치겠는가?"
"그것만은 죽어도 내놓을 수가 없습니다."
"어째서인가?"
그가 대답하였습니다.
"돈은 가지고 있는 것이 없지만, 옷은 마침 한 벌을 가지고 있기 때문입니다."

잊은 것

산부인과에 한 남자가 가방을 들고 들어섰습니다. 간호사가 물었습니다.
"어떻게 오셨나요?"
순간 그 남자는 산부인과 병원에서 문쪽으로 급히 뛰어 나가며 말했습니다.

"집에 다시 가야겠습니다. 아이를 낳아야 할 아내를 데리고 온다는 것이 가방을 챙기느라 잊어버렸습니다."

🔊 낙제

학기말 시험을 치르고 돌아온 아들이 아버지에게 말했습니다.

"아버지! 제 인기가 아주 좋은 모양입니다. 선생님도 감격하셨는지 1년만 더 머물러 달라고 하시더군요."

🔊 살충제

유모에게 아이를 맡기고 시장에 다녀왔습니다. 유모가 말했습니다.

"마님! 아기가 벌레를 삼켜 버렸지 뭐예요."
"어머나, 큰일 났네. 어떻게 하지?"

유모가 말했습니다. "문제없어요. 안심하세요. 금방 살충제를 먹여 두었으니까요."

🔊 사망률

두 친구가 이런 대화를 나누고 있었습니다.

"자네 백만장자가 되는 것과 장티푸스 환자가 되는 것 중 어느 쪽을 택하겠나?"

"그거야, 백만장자 쪽이 낫겠지."
"잘 생각해 봐. 백만장자는 반드시 죽지만, 장티푸스 환자의 사망률은 13%밖에 안 되네."

친구의 유품

친구가 죽었습니다. 죽은 친구의 아내를 위로하기 위해 장례 후에 다시 방문하였습니다. 그리고 말했습니다.
"이 친구는 저와 정말 절친한 친구였습니다. 그를 늘 기억하고 싶습니다. 유품을 하나 주실 수 있겠습니까?"
아내가 눈물을 흘리면서 말했습니다.
"저라도 좋으시다면 그렇게 하시지요."

남편의 걱정

어느 남자의 첫아이가 태어나는 순간입니다. 남편은 아이를 낳기 위하여 산부인과 안으로 들어간 아내와 아이를 기다리면서 복도를 왔다 갔다 하고 있었습니다.
의사가 나와서 말했습니다.
"좀 조용히 할 수 없어요? 왔다 갔다 하면 안 됩니다."
남편이 말했습니다.
"선생님, 제가 지금 걱정이 되어서 제정신이 아니거든요."
의사가 말했습니다.
"염려하지 말아요. 내가 1천 명 이상의 아기를 받았는데, 아직 아버지가 죽은 적은 없었으니까요."

🎈 큰일 날 뻔

찌는 듯이 더운 여름날이었습니다.
한 남자가 가죽 옷에 털모자를 쓰고 길을 걷고 있었습니다. 그는 땀에 젖은 털모자를 벗어 쥐고 부채질을 하면서 말했습니다.
"아! 날이 무척 덥기도 하다. 사람을 삶아 내는 것 같구나. 다행히 이 모자를 쓰고 나왔기에 망정이지 안 그랬더라면 부채질도 못할 뻔 했잖아."

🎈 밝게 하는 아이

아내가 말했습니다.
"여보, 우리 아기가 집안을 무척 밝게 만든다고 생각하지 않으세요?"
남편이 대답하였습니다.
"정말 그렇군. 밤에도 거의 불을 켜놓고 자야 하니까 말이야."

🎈 큰일 날 뻔했다

어느 남자가 자살을 결심하였습니다. 몸에 휘발유를 끼얹었습니다. 목에 로프를 매고 그 끝을 나뭇가지에 매달았습니다. 그리고 권총을 잡았습니다. 그러고는 성냥을 그어 몸에 불을 붙이고 나무에서 뛰어내리면서 머리를 향해 권총을 쏘았습니다.

그러나 탄환은 그의 두골을 빗나가 로프를 끊었습니다. 그는 호수로 떨어졌습니다. 그는 긴 한숨을 내쉬며 말했습니다.

"만약 수영을 하지 못했다면 정말 위험했을 거야. 익사했을 게 틀림없어."

이 약

명의사 집에 "신기로울 만큼 잘 듣는 이 약"이라는 간판이 내걸렸습니다.

사람들이 이가 많아서 이 약을 사려고 가서 사용법을 물었습니다. 그 의사가 대답하였습니다.

"이를 잡아서 입을 벌리고 그 속에 이 약을 넣으면 바로 죽습니다."

이 대답을 들은 손님이 말했습니다.

"이를 잡으면 손톱으로 눌러 죽이는 편이 더 간단하지 않습니까?"

불면증

환자가 와서 의사에게 이런 상담을 하였습니다.

"저는 잠을 잘 수가 없습니다. 고양이가 부스럭거리는 소리만 들려도 신경이 쓰이거든요. 불면증인가 봐요. 뒤꼍의 담장에서 들려오는 고양이 울음소리가 말할 수 없이 나를 괴롭힙니다."

의사가 가루약을 주면서 말했습니다.

"이 가루약이 즉효일 것입니다."
환자가 물었습니다.
"식후에 마시면 됩니까?"
의사가 말했습니다.
"당신이 마시는 약이 아닙니다. 우유 속에 넣어서 고양이에게 먹이십시오."

🔊 예의

징병 검사할 때 생긴 일입니다. 속옷만 입은 병사 앞에 군의관이 섰습니다. 그는 호령하였습니다.
"우향우!"
"두 손이 땅에 닿을 때까지 상반신을 굽혀!"
"좋아, 합격!"
그 병사가 일어나서 불만스러운 듯이 말했습니다.
"정면을 향해서 '합격!' 이라는 말씀을 해주시면 좋지 않습니까? 엉덩이를 향해서 합격이라고 말씀하시지 말고요."

🔊 개새끼

제갈공명이 너무나 사랑하는 애견이 마차에 치여 죽었습니다. 누구도 감히 그에게 그가 사랑하는 개가 죽었다는 소식을 전할 수가 없었습니다. 마침 그 때 어떤 사람이 나타나서 말했습니다.
"간단합니다. 내가 전하겠습니다."

그리고 얼마 후 그는 상당한 포상금을 받고 당당히 돌아왔습니다. 그를 이상하게 여긴 사람들에게 그 사람은 어린애처럼 자랑스럽게 말했습니다.

"전하, 그 개새끼가 죽었답니다라고 말한 것뿐입니다."

초전박살

전쟁에서 승리하고 돌아온 남편 장군에게 아내가 물었습니다.
"여보, 이겼어요?"
"초전에 그놈들을 잠재워 버렸지."
아내가 말했습니다.
"잘하셨군요. 그러면 우리 아기를 잠재워 주세요. 보채서 못 견디겠어요."

헐값 명화

그림 수집가가 유명한 그림을 모으고 있었습니다. 그런 중에 유명한 미술가가 죽었습니다. 그 집을 방문하였습니다. 유명한 그림을 5만 원에 판다는 것이었습니다. 이상하여 물었습니다.
"이런 그림이라면 1천만 원도 넘을 텐데요."
아내가 말했습니다.
"실은……, 제 남편이 2주 전에 돌아가셨는데 유서에 이 그림을 팔아서 그 돈을 하녀에게 주라고 쓰여 있었어요."

정직

아들이 아버지에게 물었습니다.
"아버지, 정직이란 대체 무엇입니까?"
아들의 질문을 받은 아버지가 말했습니다.
"예를 들어 말한다. 만약 네가 길을 가다가 100원을 주웠다면 그런 적은 액수의 돈은 경찰관에게 신고해도 주인을 찾기 힘들고 번거롭기만 하니 네가 가져도 된다. 그런데 만약 1만 원을 주웠다면 그것은 파출소에 신고해야 한다. 그러면 너는 정직한 사람이 된다. 그렇지만 만약 네가 1천만 원 이상의 돈을 줍는다면 정직 따위의 재산은 과감히 버려라."

게으름

어느 환자가 의사를 만나 물었습니다.
"선생님, 어딘가 나빠진 곳이 있거든 어려운 병명으로 놀라게 하지 마시고 쉽게 설명해 주십시오."
의사가 말했습니다.
"당신은 게으름 병입니다."
"고맙습니다."
환자는 안도의 한숨을 내쉬며 말했습니다.
"그러면 의학상의 병명을 가르쳐 주십시오. 집에 가서 처에게 병명을 말해 주어야 합니다."

🔦 연습용

자살하려고 하는 사람이 있었습니다. 그러나 마땅한 자살 장소가 없어 항상 고민이었습니다. 자살하기 좋은 자리가 있다고 하여 찾아 갔습니다. 많은 사람들이 줄 서 있었습니다. 기다리기가 싫었습니다. 그래서 새치기하여 뛰어내렸습니다.

깨어 보니 병원이었습니다. 퇴원 후 왜 죽지 않았는지를 확인하기 위해 자신이 뛰어내린 장소로 가보았습니다. 이런 푯말이 눈에 띄었습니다.

"연습용."

🔦 내가 젊었을 때에는

젊은이가 골프장을 혼자 찾아갔습니다. 그 때 혼자 온 노인이 말했습니다.

"나도 혼자 왔는데 같이 내기 게임 한판 하는 게 어떻겠소?"

젊은이는 쾌히 그렇게 하자고 말했습니다. 결과는 끝까지 비슷하였습니다. 마지막 라운드가 남아 있었습니다. 그런데 난코스였습니다. 10m도 넘는 나무가 앞을 가로막고 있었습니다. 고민하고 서 있었습니다. 그 때 노인이 다가와서 말했습니다.

"내가 젊었을 때 이와 비슷한 상황에 놓인 적이 있었지. 그 때 나는 공 아래를 쳐서 나무 위로 넘겨서 성공했었다네."

그는 노인의 충고가 좋은 생각이라고 생각했습니다. 그는 나무 위로 공을 넘길 결심을 하고, 있는 힘을 다해 공 아래를 쳤습니다. 그러나 공은 다른 곳으로 날아갔습니다. 그 때 노인이 말했습니다.
"내가 젊었을 때는 저 나무는 1m 정도 됐었지."

🗣 말대꾸

신입사원이 상사에게 말대꾸를 잘한다는 소문이 나 있었습니다. 상사가 정말 그런 것인가 실험하고 싶어서 말을 걸었습니다.
"이것을 일이라고 했나?"
"야근까지 했는데요."
"철야한 사람도 있어."
"양과 질은 반비례한대요."
"사공이 많으면 배가 산으로 간다더니……."
"사공이 많으면 배가 빨리 가는 법이지요."
"고생 끝에 낙이 온다는 것도 모르나?"
"고생 끝에 골병 든대요."
"백지장도 맞들면 낫다잖아."
"백지장을 맞들면 찢어진대요."
"너한테는 양손과 두 발 다 들어야겠다."
"그러면 자빠지셔요. 말릴 사람도 없어요."
그다음 날 그는 해고당하였습니다.

🗣 만일 맛이 없으면

손님이 바글바글 들끓는 음식점이 있었습니다. 그 음식점에 이런

글이 쓰여 있었습니다.

"만일 저희 집 음식이 맛있으면 다른 사람들에게 말씀해 주시고, 맛이 없으면 저희에게 말씀해 주십시오. 감사합니다."

친절

어떤 사람이 서울역에서 차표를 주문했습니다.
"부산, 남자 한 장, 여자 한 장!"
주변에 있던 다른 사람들이 폭소를 터트렸습니다. 그러나 역무원은 전혀 개의치 않고 친절하게 표 두 장을 주면서 말했습니다.
"감사합니다. 무척 자상하시군요."
잠시 후 다른 손님이 와서 말했습니다.
"서울역이요."
역무원이 이번에도 싱긋 웃으며 말했습니다.
"네, 서울역은 공짜입니다."

그럴 줄 알고

구두쇠 영감이 아들을 장가보낸 후 딴살림을 내주었습니다. 어느 겨울밤이었습니다. 아들이 문안을 드리기 위해 아버지를 찾아왔습니다. 방으로 들어서니 매우 캄캄했습니다.
"아버지, 방이 컴컴하네요."
"너 책 읽으려고 그러니? 아니면 짚신을 삼으려고 그러니? 등불 없이도 얘기할 수 있는데 아까운 기름을 왜 태워 없애?"

아들은 속으로 말했습니다.

'우리 아버지가 늙으셨지만 여전히 의지가 굳으시구나.'

그런데 방바닥에 앉으니 냉방이었습니다. 앉아 있을 수가 없었습니다. 그래서 또 한마디 했습니다.

"아버지. 냉방이네요."

"응, 그래도 견딜 만해. 참고 견디면 되는 것을 무엇 때문에 아까운 장작을 없애냐?"

그런데 무릎이 시려 왔습니다. 그래서 아들이 말했습니다.

"아버지, 저 이만 가보겠습니다."

"그래라."

"신발을 찾게 불 좀 밝혀 주십시오."

그러자 아버지가 컴컴한 어둠 속에서 부스럭거리더니 망치를 내주었습니다. 그리고 말했습니다.

"너 신발 찾는다고 했지?"

"네."

"그럼 이 망치로 네 이마를 한 번만 세게 때리거라. 그러면 두 눈에서 불이 번쩍할 거다. 그 때 잽싸게 신을 찾으면 돼."

아들은 아버지가 해도 너무 하신다는 생각이 들었습니다. 그래서 아버지의 가슴을 뒤집어 놓을 생각으로 말했습니다.

"아버지, 불 밝히실 필요 없습니다. 아버지가 그러실 줄 알고 미리 신을 신고 들어왔거든요."

아버지가 말했습니다.

"음, 그랬냐? 나도 네가 그럴 줄 알고 돗자리를 미리 뒤집어 깔아 놨었다."

보온병

금발의 부인이 쇼핑을 하던 중 처음 보는 물건을 발견하고 물었습니다.
"이게 뭐에요?"
"보온병이요."
"뭐하는 것인가요?"
"뜨거운 것은 뜨겁게 유지해 주고, 차가운 것은 계속 차갑게 해주지요."
부인은 더 이상 말하지 않고 보온병을 사가지고 집으로 돌아왔습니다. 저녁에 남편이 들어와서 보온병을 보고 물었습니다.
"그게 뭐야?"
"보온병이요."
"그게 뭐하는 것이지?"
"뜨거운 것은 뜨겁게 유지해 주고, 차가운 것은 계속 차갑게 해준대요."
"그래서 안에 뭘 넣었어?"
"커피 두 잔과 콜라 한 병요."

말버르장머리

어른이 길에서 지나가는 초등학생의 머리를 쓰다듬으며 말했습니다.
"그놈, 참 귀엽게 생겼네."
그러자 아이가 기분 나쁜 표정으로 대답하였습니다.

"어허, 왜 남의 새끼 건드려?"
"이 녀석 말하는 것 좀 보게. 그게 무슨 말버릇이냐?"
"무슨 말이라니? 한국말도 몰라?"
"이 녀석아, 어른이 귀엽다고 하면 고맙다고 해야지……."
"그럼 내가 네 머리 쓰다듬으면서 귀엽다고 하면 기분 좋겠냐?"

🔸 반말

남편이 아내에게 말했습니다.
"야! 마누라야. 오늘은 내 특별히 너를 위하는 뜻에서 존댓말을 써 줄게. 그럼 시작한다. 여보! 부인! 나로부터 3m 거리에 떨어져 있는 재떨이 좀 갖다 주면 좋겠소."
그러자 아내가 말했습니다.
"여기 있어요."
"고맙소. 부인! 어? 그런데 담배가 떨어졌네? 부인! 미안하지만 담뱃가게에 가서 담배 한 갑만 사다 주시구랴."
그러자 부인에게서 튕겨져 나오는 소리가 있었습니다.
"싫어. 인마! 반말 써도 좋으니까 심부름 좀 시키지 마!"

🔸 못된 자식

아버지에게 항상 반말을 하는 녀석이 있었습니다. 어느 날 아들이 말했습니다.
"아버지! 저 공부 열심히 할 테니까 용돈 좀 충분히 주시면 고맙겠습니다."

아버지는 감격하였습니다.

"너도 이럴 때가 있냐? 암 주고말고."

그러자 아들이 배시시 웃으며 말을 던졌습니다.

"자식, 순진하긴! 어쩌다 농담 한번 해본 것을 갖고……."

공주병

공주병 여인이 여러 남자들에게 둘러싸여 등산을 갔습니다. 숲속에서 길을 잃고 혼자 헤매게 되었습니다. 공주병 환자가 배고픔과 피곤에 지쳐 쓰러졌습니다.

그 때 갑자기 주위가 어두워지더니 폭풍우가 휘몰아치기 시작했습니다. 머리 바로 위에서 번쩍번쩍 번개가 쳤습니다. 쓰러져 있던 공주병 환자가 벌떡 일어나 옷매무새를 가다듬으면서 말했습니다.

"어머, 누구야? 지금 날 찍은 사람이?"

귀신

담력 훈련에 참가한 두 여자가 있었습니다. 마지막 코스가 공동묘지를 지나가는 것이었습니다. 그들은 두려움이 앞섰지만 애써 태연한 모습으로 걸어가고 있었습니다. 그 때 어디선가 '톡……톡……톡……' 징소리가 울렸습니다.

깜짝 놀란 두 여자는 공포에 질려 엉금엉금 기어갔습니다. 그 때 망치와 정을 들고 묘비를 쪼아 내고 있는 노인을 보았습니다. 순간

두 여자는 안도의 숨을 내쉬며 말했습니다.

"아휴~ 할아버지! 귀신인 줄 알고 깜짝 놀랐잖아요. 그런데 이 늦은 시간에 뭐하세요?"

할아버지가 웅얼거리는 목소리로 대답했습니다.

"글쎄. 어떤 멍청한 녀석들이 내 이름을 잘못 써놨잖아!"

🔖 개판된 가정

아들이 아버지께 짜증스럽게 말했습니다.

"야! 인마, 쫀쫀하게 굴지 말고 용돈 좀 팍팍 줘 봐."

그러자 아버지가 말했습니다.

"저 새끼는 내가 돈 찍어내는 화폐 공장 공장장인 줄 아나 봐. 보기만 하면 돈을 달래."

그들의 말을 듣고 있던 어머니가 한마디 했습니다.

"저놈들은 전생에 무슨 원수라도 졌었나? 만나기만 하면 싸우고 지랄이야."

그러자 딸도 한마디 거들었습니다.

"저년은 악취미도 유별나지. 꼭 남자들 싸우는 데 끼어들어."

이 때 할머니가 말했습니다.

"하여튼 우리 집구석은 왕창 엿 같아."

🔖 출입 허가증

신참 군인이 위병소 근무를 하게 되었습니다. 그의 임무는 간단하였습니다. 앞 창에 출입 허가 스티커를 붙이지 않은 차량을 골라 출입시키지 않는 것이었습니다.

첫날 근무를 하는데 군용 차량 한 대가 들어왔습니다. 신참은 차를 세우고 물었습니다.

"실례지만 누구십니까?"

"부대장 김 대령이다."

"죄송합니다. 출입 스티커가 없는 차량은 들어갈 수 없습니다."

그러자 부관 장교가 운전병에게 말했습니다.

"시간 없다. 빨리 들어가자."

신참이 말했습니다.

"정지하십시오! 스티커 없이 들어가는 차량은 발포하라는 명령을 받았습니다!"

장교가 다시 운전병에게 소리쳤습니다.

"야, 그냥 빨리 들어가!"

그러자 신참이 부대장에게 조용히 물었습니다.

"저, 대령님. 제가 오늘 처음이라서 그러는데 이럴 경우 대령님을 쏴야 되나요, 아니면 운전병을 쏴야 되나요?"

정치인의 뇌

부자의 아내가 죽을병에 걸렸습니다. 살릴 수 있는 길은 뇌를 이식받는 것뿐이었습니다. 그래서 유명한 뇌 이식 병원에 갔습니다. 의사가 뇌를 종류별로 늘어놓고 설명하기 시작했습니다.

"이 뇌는 예술가의 뇌인데 100만 원입니다."

"더 비싼 뇌는 없나요?"
"그럼……이것은……교수의 뇌인데 200만 원입니다."
"더 비싼 뇌는 없나요?"
"하나 있긴 한데…… 좀 비쌉니다. 한 1억쯤……."
크게 놀란 부자가 물었습니다.
"무슨 뇌이길래요?"
"아, 정치인들의 뇌죠. 전혀 머리를 써먹지를 않아서 거의 신품이나 마찬가지거든요."

아빠

미래를 볼 수 있는 초능력을 가진 소년이 있었습니다. 어느 날 밤 기도하고 나서 말했습니다.
"엄마, 아빠, 할머니에게 축복을 주소서. 할아버지는 안녕."
그런데 다음날 그 할아버지가 심장마비로 죽었습니다. 몇 주일 후 소년이 또 기도를 했습니다.
"엄마, 아빠에게 축복을 주소서. 할머니는 안녕."
그러자 다음날 할머니가 길을 건너다가 버스에 치여 죽었습니다. 얼마 후 소년이 기도를 하면서 말했습니다.
"엄마에게 축복을 주소서. 아빠는 안녕."
공포에 질린 아버지는 다음날 아침 무장 경호원의 경호를 받으며 아주 조심스럽게 직장에 나갔습니다. 그리고 역시 조심하면서 집으로 돌아왔습니다. 마중을 나온 아내가 말했습니다.
"여보, 오늘 아주 끔찍한 일이 일어났어요. 우유 배달부가 뒤 베란

다에서 죽었대요."

🔦 모자 체인점

지하도에서 거지가 양손에 모자를 들고 구걸을 하고 있었습니다. 지나가던 행인이 모자에 동전을 넣으며 물었습니다.
"왜 모자를 두 개나 들고 있습니까?"
거지가 말했습니다.
"아! 네, 요즘 장사가 잘되어서 체인점을 하나 더 냈습니다."

🔦 흑인의 비애

어느 흑인이 하나님께 물었습니다.
"하나님, 왜 저에게는 하필 검은 피부를 주셨나요?"
하나님이 대답했습니다.
"그야 아프리카의 뜨거운 태양으로부터 보호해 주기 위해서지."
"그럼 제 머리는 왜 이렇게 곱슬곱슬하죠?"
"그건 자네가 정글 속을 뛰어다닐 때 머리가 헝클어지거나 덤불에 걸리는 일이 없도록 하기 위해서지!"
그러자 흑인이 고개를 갸우뚱거리며 다시 물었습니다.
"그런데 하나님! 저는 시카고에서 태어났는데요?"

🔦 사라진 악어

어느 여행객이 플로리다 해안가에서 보트 낚시를 즐기고 있었습니다. 보트가 뒤집히고 말았습니다. 그는 수영을 할 줄 알았지만 악어가 무서워서 전복된 보트를 꼭 붙잡고 있었습니다. 해변에 노인이 서 있는 것이 보였습니다.
"이 주변에 악어가 있나요?"
소리쳐 물었습니다. 노인이 대답하였습니다.
"아니오. 몇 년 동안 통 보이지 않았소!"
그는 안심하였습니다. 유유히 헤엄을 치기 시작하였습니다. 반쯤 헤엄을 치다가 노인에게 다시 물었습니다.
"어떻게 했기에 악어들이 사라졌나요?"
노인이 말했습니다. "우리는 아무것도 하지 않았지요. 상어들이 해치웠을 뿐이오."

🔦 가스가 차서

어느 신부가 수녀원을 방문하여 수녀에게 말했습니다.
"자매님의 배가 좀 나오신 것 같네요?"
"아, 배에 가스가 좀 차서요."
두 달 후 신부가 다시 수녀원을 찾았습니다.
"자매님! 배가 더 나온 것 같아요. 혹시 무슨 일이라도?"
"아니에요. 배에 가스가 더 많이 차 있어서요."
다시 몇 달 뒤 신부가 수녀원을 찾자 수녀는 유모차에 아기를 태우고 놀고 있었습니다. 이런 모습을 보고 신부가 말했습니다.
"드디어 방귀가 나왔군요."

🎩 면도용 공

한 남자가 면도를 하기 위하여 이발소에 갔습니다.
이발사는 남자의 뺨에 비누거품을 칠하였습니다. 그리고 서랍에서 나무로 만든 작은 공을 두 개 꺼내어 남자에게 주었습니다.
"이걸 양 볼에 하나씩 물고 계십시오. 그러면 면도를 더욱 깨끗하게 할 수 있답니다."
그는 이발사의 말대로 양쪽 볼에 나무 공을 물었습니다. 이발사는 면도를 시작하였습니다.
한창 면도하는 도중에 남자가 물었습니다.
"만약에 잘못해서 이걸 삼키면 어떻게 하죠?"
"아, 괜찮아요. 둥글기 때문에 잘 빠져나오거든요. 사실은 그것도 어제 다른 손님이 삼켰다가 오늘 다시 가지고 오신 것이랍니다."

🎩 십자가의 능력

중학교에 들어간 아이의 수학 점수가 형편이 없었습니다. 그래서 어머니가 과외 선생을 불러 공부를 시켰습니다. 그러나 소용이 없었습니다. 학원도 보내 보았습니다. 그러나 전혀 나아지지 않았습니다. 그래서 아이가 교회에 나가면 좀 나아질까 생각하였습니다. 그래서 교회에서 운영하는 학교로 전학을 시켰습니다.

학교를 옮기는 첫날 집에 돌아온 아이가 인사도 하지 않고 제 방으로 들어가더니 공부를 하는 것이었습니다. 밥 먹는 시간과 잠자는 시간 외에는 계속 공부만 하였습니다.

수학을 100점 맞아 왔습니다. 어머니가 이상하여 물었습니다.

"너 어떻게 달라졌니?"

아들이 말했습니다.

"엄마! 이 학교에 왔더니 교실마다 사진이 걸려 있는데 비참하게 한 남자가 십자가에 매달려 있었어."

🌰 이번 주에는 아무 일이 없어

한 남자가 무척 상심한 표정으로 길을 걷고 있었습니다. 친구를 만났습니다. 친구가 물었습니다.

"왜 그렇게 낙심해 있어? 무슨 일이라도 있니?"

"사실은 3주 전에 우리 삼촌이 돌아가시면서 내게 3천만 원을 물려주셨어."

"괜찮은 일이네."

"더 들어봐. 그리고 2주 전에는 복권이 맞아서 5천만 원을 벌었지."

"좋은 일만 있었구먼."

"아직 안 끝났어. 바로 지난주에는 할아버지가 돌아가셨는데, 내게 1억 원을 유산으로 남겨 주셨단 말이야."

"장난하냐? 도대체 뭘 가지고 상심하니?"

"그런데 이번 주에는 아무 일도 없잖아."

갈수록 멀어지기에

한 남자가 몇 달 동안 실직하고 있었습니다. 겨우 취직을 하였습니다. 도로 중앙에 선을 그리는 일을 하게 되었습니다. 감독관은 그 남자에게 말했습니다.

"하루에 적어도 500m는 그려야 계속 일할 수 있습니다."

첫날 오후에 감독관이 와보니 남자가 1,000m를 그려 놓았습니다. 감독관은 아주 기뻐서 만족하며 돌아갔습니다.

그런데 둘째 날에는 500m를 그렸습니다. 감독관은 그래도 평균 이상이니 괜찮다고 생각했습니다.

그런데 셋째 날에는 200m밖에 안 그렸습니다. 감독관은 그 남자를 다시 실직시키기가 싫어서 물었습니다.

"당신은 첫날 1,000m, 둘째 날에는 500m를, 그리고 오늘은 200m밖에 안 그렸는데 무슨 문제라도 있소?"

그러자 남자가 안타깝다는 표정으로 대답했습니다.

"가면 갈수록 페인트 통이 멀어지잖아요."

훈수

보이스카우트 훈련 중에 교관이 물었습니다.

"사막에서 길을 잃었을 때 살아남는 세 가지 방법을 말해 봐라."

몇 명이 손을 들었습니다. 각각 여러 가지 이야기를 했습니다. 음식, 물, 성냥 등이 필요하다고 말했습니다. 그러나 그중에 어린 소년이 손을 들었습니다.

"그래, 너는 무엇이 필요한지 이야기해 봐라."

"컴퍼스, 물, 그리고 장기요."

"이유를 얘기해 볼래?"

"컴퍼스는 방향을 아는 데 필요하고요, 물은 탈수증에 걸리지 않기 위해서 필요해요."

"그럼 장기는 왜 필요하니?"

"장기를 두고 있으면 항상 누군가 뒤에 와서 훈수를 하잖아요. 그러면 그 사람한테 도움을 받을 수 있으니까요."

그렇다면

서로 의견이 맞지 않는 부부가 있었습니다. 어느 날 부인이 자기가 다니는 성당의 신부에게 이런 의논을 하였습니다.

"신부님, 정말 무서워 죽겠어요. 제가 계속 성당에 나가면 남편이 저를 죽이겠답니다. 어떻게 하면 좋을까요?"

"그런 일이 있었군요. 내가 계속 기도를 하겠습니다. 믿음을 가지세요. 하나님이 당신을 지켜 주실 것입니다."

"신부님. 아직까지는 무사합니다만 그러나……."

"그러나, 또 무엇이 있지요?"

"어제는 남편이 다른 말을 했어요. 제가 만약 계속 성당에 다닌다면 신부님을 죽이겠다고요."

"그렇다면 이제 결심을 해야 할 때가 됐군요. 마을 저편에 있는 회교도 성당으로 가보세요."

예의

전철역 옆에 있는 약국 주인이 말했습니다.
"하루에 50명 정도, 어떤 때는 100명이나 되는 사람들이 주소를 물으러 찾아오고 있습니다."
"그런데 무엇이 문제입니까?"
"가르쳐 주면 대부분 인사도 없이 나갑니다."
"걱정 마세요. 제가 깨끗이 해결해 드릴게요."
그리고 그는 이렇게 써 붙여 놓았습니다.
"길 찾는 것 환영합니다. 한 번 문의에 1천 원, 단 예절 바른 사람은 무료."
그 때부터 사람들은 공손하게 길을 묻고 마무리로 감사 표현을 빼놓지 않았습니다.

나도 훔쳐 왔지요

한국 외교관이 일본 수상을 찾아갔습니다. 대기실에서 두 명의 장관과 이야기를 나누고 수상실로 안내를 받아 들어갔습니다. 그리고 수상에게 말했습니다.
"이런 얘기 드리기는 싫지만 제가 두 명의 장관과 대화를 나누는 사이에 제 금시계가 없어졌습니다."
그러자 수상이 말했습니다.
"제가 알아보죠."
잠시 후 수상이 시계를 들고 들어왔습니다. 그는 시계를 내밀었습니다.

"감사합니다. 그렇지만 장관들에게 불미스러운 일이 생기는 건 원치 않습니다."

수상이 말했습니다.

"아, 괜찮아요. 장관들은 내가 가져온 걸 모르니까요."

정말 비극

클린턴이 초등학교를 방문하여 아이들에게 질문을 하였습니다.
"비극에 대해 예를 들어 볼 사람?"
그러자 한 남자아이가 손을 들고 말했습니다.
"우리 옆집에 살던 친한 친구가 길에서 놀다가 차에 치여 죽었어요. 그게 바로 비극이 아닐까요?"
"아니란다. 그것은 비극이 아니라 사고라고 할 수 있지."
그러자 옆에 있던 여자아이가 말했습니다.
"통학버스가 50명의 아이들을 태우고 가다가 벼랑으로 굴러 떨어져 모두 죽고 말았습니다. 그것이 비극이 아닐까요."
"글쎄…… 그것은 큰 손실이라고 해야겠구나."
그러자 이번엔 맨 앞에 앉아 있던 아이가 일어나 말했습니다.
"비행기에 클린턴과 르윈스키가 타고 가다가 폭파되었다면 그게 비극이 아닐까요?"
"맞았어! 정말 똑똑하구나. 그 이유에 대해서도 말해 보겠니?"
"그것은 사고도 아니고 큰 손실도 아니기 때문이죠."

🔦 내가 바로 신랑

경찰관이 오토바이를 타고 달리던 청년을 속도위반으로 붙잡았습니다. 그러자 그가 울상을 지으며 말했습니다.
"저, 사정이 있어서……."
"조용히 해! 넌 감옥에 들어가야 돼."
경찰관은 그의 말을 끊으며 소리쳤습니다.
"하지만, 전……."
"입 다물고 있으라니까. 서장님이 오실 때까지 그 안에 있어야 돼!"
경찰은 그를 철장에 가두었습니다.
몇 시간 뒤 경찰이 갇혀 있는 그에게 말했습니다.
"너 운 좋은 줄 알아라. 서장님 딸이 오늘 결혼식을 올려서 기분이 좋으실 테니까 아마 금방 풀려날 것이다."
"하지만 아마 서장님의 기분이 무척 안 좋으실 것입니다."
"네가 그것을 어떻게 알아?"
"내가 바로 그 신랑이거든요."

🔦 통역의 속셈

마피아 두목이 귀머거리를 심부름꾼으로 고용했습니다. 만약 경찰에 붙잡히더라도 기밀을 누설하지 못할 것이라고 생각했던 것입니다. 귀머거리는 첫 심부름에서 돈 가방을 전달받았습니다. 몰래 가방을 열어 보니 5억 원의 거금이 들어 있었습니다. 욕심이 생긴 귀머거리는 돈을 몰래 감추어 버렸습니다.

마피아 두목은 귀머거리가 돌아오지 않자 다른 부하를 보냈습니다. 부하는 귀머거리에게 가서 얘기했지만 말이 통하지 않자 수화 통역인에게 끌고 갔습니다.

"돈 어디 있어?"

통역이 수화로 얘기하자 귀머거리는 모른다고 대답했습니다. 부하는 총을 꺼내어 귀머거리의 머리에 대고 다시 물었습니다.

"돈 어딨냐고?"

귀머거리는 겁에 질려서 수화로 대답했습니다.

"뒷산 나무 밑에 묻어 놨어요."

그러자 통역의 눈이 잠시 빛나더니 부하에게 말했습니다.

"계속 모른다고 잡아떼네요. 그리고 총알도 없는 장난감 총으로 까불지 말라고 놀리는데요."

🔊 아는 것이 병이다

물리학자와 생물학자 그리고 엔지니어가 사형을 선고받았습니다. 전기의자로 형을 집행하게 되었습니다. 먼저 물리학자가 의자에 앉았습니다.

"마지막으로 할 말은 없소?"

"없습니다."

집행인이 스위치를 올렸지만 아무 일도 일어나지 않았습니다.

그 나라의 법에 의하면 사형 집행이 실패하면 죄인을 풀어 주게 되어 있었으므로 물리학자는 석방되었습니다.

다음은 생물학자가 의자에 앉았습니다.
"마지막으로 할 말은 없소?"
"없습니다."
집행인이 다시 스위치를 올렸습니다. 그러나 역시 의자가 작동을 하지 않았습니다. 그래서 생물학자도 풀어 주었습니다.
마지막으로 엔지니어가 전기의자에 앉았습니다.
"마지막으로 할 말은 없소?"
"있습니다."
"뭔가?"
"파란 선과 빨간 선을 바꿔서 꽂으면 작동할 겁니다."

만성병

한 여자가 명의를 찾아가서 진찰을 받았습니다.
"자각 증상은 언제부터 있었습니까?"
"추석 때부터입니다."
"추석이 언제 생겼나요?"
"1천 년 전에 생겨난 날입니다."
"여보시오. 그런 만성병은 나라도 고칠 수가 없습니다."

프로그래머의 기도문

하드디스크에 계신 우리 프로그램이여,
패스워드를 거룩하게 하옵시고,

운영 체제에 임하옵시며,

명령이 키보드에서 이루어진 것과 같이 모니터에서도 이루어지이다.

일용할 데이터를 주시옵고,

우리가 우리에게 프로그램의 오류를 용서한 것과 같이

우리의 오타를 사하여 주옵시고,

우리를 바이러스에 들게 하지 마옵시고,

다만 불시의 정전에서 구하옵소서!

대개 나라와 권세와 영광이 프로그램에게 영원히 있사옵나이다.

엔터.

| 판 권 |
| 소 유 |

탈무드 유머 5
네가 웃으면 세상도 웃는다

2011년 5월 2일 인쇄
2011년 5월 6일 발행

엮은이 | 강문호
발행인 | 이형규
발행처 | 쿰란출판사

주소 | 서울 종로구 이화동 184-3
TEL | 02-745-1007, 745-1301~2, 747-1212, 743-1300
영업부 | 02-747-1004, FAX / 02-745-8490
본사평생전화번호 | 0502-756-1004
홈페이지 | http://www.qumran.co.kr
E-mail | qumran@hitel.net
　　　　　 qumran@paran.com
한글인터넷주소 | 쿰란, 쿰란출판사

등록 | 제1-670호(1988.2.27)

책임교열 | 김향숙·오완

값 9,000원

ISBN 978-89-6562-095-2 03230

* 이 출판물은 저작권법에 의해 보호를 받는 저작물이므로 무단 복제할 수 없습니다.
  잘못된 책은 교환해 드립니다.